THOMAS ALEXANDER IMRE

Es liegt immer an einem selbst!

Band Zwei

Bibliografische Information der Deutschen Nationalbibliothek: Die Deutsche Nationalbibliothek verzeichnet diese Publikation in der Deutschen Nationalbibliografie; detaillierte bibliografische Daten sind im Internet über http://dnb.dnb.de abrufbar.

Das Werk aller seiner Teile ist urheberrechtlich geschützt. Jede Verwertung außerhalb der Grenzen des Urhebergesetzes ist ohne schriftliche Zustimmung des Autors unzulässig und strafbar. Das gilt insbesondere für Verbreitung und die Einspeicherung und Verarbeitung in elektronischen Systemen.

© 2021 Imre, Thomas Alexander
  Es liegt immer an einem selbst!
  Band Zwei, August 2021
TWENTYSIX
Eine Marke der Books on Demand GmbH

House und BoD – Books on Demand
Herstellung und Verlag: BoD – Books on Demand, Norderstedt

ISBN: 9783740783983

Buch

Gesund zu werden – welcher schwer und/oder chronisch erkrankte Mensch hegt nicht diese innige Hoffnung? Dass dies günstigenfalls ohne `strapazierende´ Eigenbeteiligung und von `jetzt auf gleich´ erfolgen soll, ist ebenso nur allzu menschlich. Der Autor dieses Buches teilte jedenfalls zu Beginn seiner `Krankenkarriere´ diese Hoffnung mit seinen zahlreichen `Leidensgefährten´, Mann wie Frau, jung wie alt, sowie er auch den (Unter-)Gang des `einfachen Weges´ favorisierte. Schicksalhafte Begegnungen mit einem Narkosefacharzt und einem Bücher schreibenden Psychologen holten ihn brutal auf den Boden der Tatsachen zurück: tiefschürfende Selbsterkenntnis ist der erste bahnbrechende Schritt auf dem Weg zur realistischen Gesundwerdung; niemand erkrankt von heute auf morgen an einem schweren und/oder chronischen Leiden, selbst wenn es scheinbar plötzlich im Körper zum Ausbruch/Ausdruck kommt; kein Patient kann von heute auf morgen von einem schweren und/oder chronischen Leiden genesen; wirklich jede Erkrankung macht Sinn; Kranksein ist untrennbar mit Menschsein verbunden und beinhaltet die großartige Chance für persönliche Weiterentwicklung; wer begeisternd loslassen/zulassen/hineinlassen/weglassen kann, um Platz zu schaffen für Neues und Ver-rücktes, erreicht mehr als derjenige, der ignorant oder angstvoll getrieben ist vom Bewahren des Status quo und Übernommenen; wer nicht verbittert und/oder verbohrt ist, nimmt demütig wie mit Frohsinn die Hilfe der Schulmedizin in Anspruch, wissend, dass sie ihn bei seiner Gesundwerdung „nur" hervorragend unterstützen, nicht jedoch heilen kann; sich Gelassenheit-en anzueignen, zu kultivieren und zu kombinieren, ist herausfordernd, jedoch fruchtbringend; mit Urvertrauen in der Seele, Löwenmut im Herzen sowie Klarheit im Denken vermag ein Suchender auch ein Gehender zu werden; oftmals braucht´s für (Selbst-)Erkenntnisfähigkeit vorweg eine Wahnsinnsfahrt in einer Achterbahn oder alternativ einen Vorschlaghammer, der auf einen nieder saust; insbesondere erkrankte Erwachsene sollten einem Kleinkind in dessen Tun nacheifern, nicht einem bestimmten, sondern einem x-beliebigen. Dieses zieht jeden Tag, an jedem Ort, schneidig und entschlossen in ein Abenteuer, das sich Leben nennt – und es tut gut daran.

Autor

Thomas Alexander Imre, 55, Berater in der Personalwirtschaft. In seinen öffentlichen Vorträgen rückt der Autor die mannigfaltigen Aufgabenbereiche im Leben eines Menschen ins Zentrum der Betrachtung. Seine Bücher thematisieren unterschiedliche Interessen sowie Passionen.

Veröffentlichungen

„Sterben! Leben! Lieben!", Gedichtband,
2. Edition, Februar 2021, Verlag Twentysix

„Es liegt immer an einem selbst! Band Eins,
3. erarbeitete Fassung, März 2021, Verlag Twentysix

Kontakt

sekretariat.imre(at)gmx.net

Dank

Lektorat: Christian Glatzl
Korrektorat: Manfred Imre
Umschlaggestaltung: Stefan „sbäm" Beham
Umschlagfoto: Ediliana Castillo-Beham

Widmung

Für alle wundervollen Ärztinnen und Ärzte, die mir zu jeder Stunde und an jedem Ort nach bestem Wissen und Gewissen beistanden, während mich mein Schicksal durchs Rauhe zu den Sternen führte.

„Erst wenn der Mensch bereit ist, die gesamte Verantwortung für alles, was er erlebt und was ihm geschieht, zu übernehmen, entdeckt er die Sinnhaftigkeit des Lebens. Die Krankheit unserer Zeit ist die Sinnlosigkeit, die den Menschen aus dem Kosmos entwurzelt hat. Die Sinnlosigkeit ist der Preis, den die Menschheit zahlen muss für den Versuch, Verantwortung abzugeben. Die Zeichen sprechen dafür, dass diese kollektive Krankheit sich in Heilung wandelt und immer mehr Menschen ausziehen, um den Sinn zurückzugewinnen. Wer bereit ist, die Verantwortung für sein Schicksal zu übernehmen, erlebt sich eingeordnet in die Gesetzmäßigkeiten dieses Universums und verliert alle Angst – weil er die Rückbindung an seinen Urgrund wiedergefunden hat."

        Thorwald Dethlefsen

Ehrung

„Die Aufgabe eines Lehrers ist es, sich überflüssig zu machen.[1]"

Einen Tag nach meiner ersten Begegnung mit meinem Arzt kreuzten sich unsere Wege. Nicht physischer Natur, sondern mittels Gedanken. Er formulierte diese in geschriebenen Worten, und ich las sie. Auch wenn ich von meinem Arzt schon vorab mit dieser anderen, ver-rückten Sichtweise konfrontiert worden war, traf es mich dennoch wie ein Keulenschlag, was da schwarz auf weiß geschrieben stand. Getreu der Devise: So etwas muss man selbst gelesen haben, sonst glaubt man es nicht. Und selbst wenn man es mit eigenen Augen liest, kann man das Gelesene in seiner ganzen Tragweite nicht erfassen – zumindest nicht zu Beginn. Es braucht eben Zeit, um eine reiche Ernte einfahren zu können.

Seit diesem Zusammenprall mit Herrn Dethlefsen sind viele Jahre ins Land gegangen. So gesehen hatte und habe ich demnach ein Stück weit meines steinigen und beschwerlichen sowie schönen und wundersamen Weges der Selbsterkenntnis und Gesundwerdung zwei „lenkende Geister", zwei Gefährten, zwei Freunde – den einen in geografischer Nähe, den anderen in der Ferne. Gleich, an welchem Ort ich auch immer bin, ich trage beide in meinem Herzen mit mir.

---

[1] Samson Raphael Hirsch (1808-1888), dt. Rabbiner

Anmerkung zur Ehrung

Ich wollte einmal nur mit ihm im selben Raum sein, ihn sehen, in Farbe, ihn hören, live, sein Charisma aufnehmen, mich beflügelnd. Anlässlich einer offiziellen Veranstaltung, zu der er geladen hatte, bot sich mir diese Gelegenheit. Ich hätte es wohl mein Leben lang bitter bereut, wenn ich sie nicht beim Schopfe gepackt hätte. Also machte ich mich auf meinen Weg zu Herrn Thorwald Dethlefsen.

Respektvoll wartete ich die Pause ab, bis ich die Veranstaltungshalle verließ, in der sich geschätzt achthundert bis tausend Interessierte versammelt hatten. Das von ihm initiierte und vorgestellte Projekt sprach mich in keiner Weise an. Vielleicht, weil das Gesagte mich intellektuell überforderte. Vielleicht, weil ich spirituell nicht reif genug dafür gewesen bin. Vielleicht, weil es einfach nur ein Schmarrn war.

Mir ist es jedenfalls herzlich egal, was im Einzelnen die Gründe hierfür gewesen sein mögen. Da ich niemals etwas aus reiner Neugier mache, befasse ich mich auch nicht näher damit. Womit ich mich hingegen befasse, seit drei Jahrzehnten und dies umfassend wie tiefgründig, sind seine Bücher und Vorträge auf Tonträgern. Ich kenne nichts Besseres.

Eine merk-würdige Frage[2]

Jemand vernichtet freiwillig, eigenhändig wie beschwingt im Schweiße seines Angesichts Stein für Stein sein Gedankengebäude, das er zuvor zwanzig Jahre lang freiwillig, eigenhändig wie beschwingt im Schweiße seines Angesichts Stein für Stein errichtet hat. Was halten Sie von diesem Jemand, und wie sehen Sie sein Tun, das eine, wie das andere?

---

[2] siehe *Band Eins*

Eine existentielle Aufgabe[3]

Betreten Sie bitte, im übertragenen Sinne, Ihr Gehirn, welches, wie bekannt, aus zwei Hälften und diese wiederum aus mehreren Arealen besteht. Nennen wir diese der Entsprechung wegen „Denk-Räume". Stellen Sie sich nun mit weitgespreizten Beinen unter einen Türrahmen, das linke Bein im „Denk-Raum" zu Ihrer Linken, das rechte Bein im „Denk-Raum" zu Ihrer Rechten. Gehen Sie nun den „Denk-Raum" links von Ihnen vollständig ab, ohne dabei Ihr rechtes Bein zu bewegen (also dort zu belassen, wo es sich gerade befindet). Machen Sie es nun umgekehrt.

---

[3] siehe *Band Eins*

Inhalt

Lesermeinungen

Warum ein zweiter Band?

Einführende Worte

Vorwort … 33
Vergangenheit … 35
Gegenwart … 37
Was ist Ursache? Was ist Wirkung? … 39
Kann die Medizin heilen? … 43
Einschneidende Ereignisse, Teil Eins … 47
Einschneidende Ereignisse, Teil Zwei … 52
Jetzt … 57
Gespräche … 59
Gott und Glaube … 75
Sterben und Tod … 79
Nachwort … 81

Epilog … 83

Lesermeinungen

Zu Beginn des Buches gebe ich anonymisiert eine Auswahl von Lesermeinungen wieder (zum Teil gekürzt, ebenso wie meine Antworten), die mir nach der Veröffentlichung des ersten Bandes schriftlich übermittelt wurden, wofür ich herzlich Dank sage.

Ich hätte mir bei einigen Kapiteln in Ihrem Buch mehr Ausführlichkeit gewünscht, um mich intensiver mit den Inhalten beschäftigen zu können. Zu meinem Bedauern haben Sie dies unterlassen.
Geschätzte Schreiberin! Ich antworte Ihnen im Geiste des französischen Philosophen Voltaire: „Die nützlichsten Bücher sind diejenigen, die die Leser zur Hälfte ergänzen." Ich habe mein Buch demnach beabsichtigt als ein förderndes wie zugleich forderndes Arbeitsbuch ersonnen. In diesem sollte der Leser Raum finden, um sich selbst nach Belieben wie auch nach eigenem Vermögen einbringen zu können.

Als Fachärztin für Neurologie und Psychiatrie teile ich Ihnen mit, dass Ihre Aussage von destruktiven Gedanken als primäre Ursache von Kranksein ein Schauermärchen ist. Sie machen es sich viel zu leicht mit Ihrer „Diagnose". Hypothesen, Behauptungen, Theorien – so weit das Auge reicht.
Geschätzte Schreiberin! Ich danke Ihnen für Ihre offenen Worte. Zum Dank übermittle ich Ihnen eine Empfehlung: Lassen Sie Ihr Auge doch einmal von einem ver-rückten Standpunkt aus Hypothesen sehen. Aber seien Sie „gewarnt": Diese tollkühne Vorgehensweise könnte Sie zur `Ein-Sicht´ führen.

Das Kapitel „Sterben und Tod" in meinem Buch vorzufinden, sei für ihn „trotz aller Offenheit schwer auszuhalten gewesen." Der Schreiber führt weiter aus, dass er schon seit Jahren nierenkrank sei. Er, sein soziales Umfeld und seine ihn behandelnden Ärzte halten es für sinnvoll, sich nicht mit „so etwas" zu beschäftigen, weil dies einen Kranken nur trübsinnig mache. Besser sei es, Zerstreuung zu suchen bei Themen, die einen ablenken und die eigene belastende Situation so gut als möglich vergessen lassen. „Es muss doch nicht immer Tiefgründiges und Hochgeistiges sein, mit dem man sich die Zeit vertreibt."

Geschätzter Schreiber! Wenn Sie sich weinend wie lächelnd mit „so etwas" beschäftigen, wird es Ihnen Ihre Augen öffnen und Ihnen so das Unverständnis sowie die Angst vor Ihrem persönlichen Sterben und Tod nehmen (können). Betrügen Sie sich um Ihrer selbst willen nicht um diese großartige Chance, die Ihnen Ihr Kranksein bietet! PS.: Ich bin kein Befürworter gezielter Ablenkung, jedoch von bewusster Hinwendung zu bestimmten Themenbereichen. Im Vertrauen gesagt: Ich bin zuweilen genießerisch faul, oberflächlich, albern usw.

Selbsthilfegruppen, darunter eine für „Anonyme Alkoholiker", adressierten Schreiben an mich, einige kurz und bündig verfasst, einige ellenlang schweifend. In diesen teilten sie mir unisono mit, dass ich mit meinen „naiven, unverschämten Aussagen" ohnedies nur ein bemitleidenswerter Außenseiter sei, zudem fehle mir jegliche Empathie, ich würde falsche Hoffnungen wecken, und so weiter und so fort.

Geschätzte „ordentliche" Mitglieder sowie Verantwortungsträger diverser Selbsthilfegruppen! Ich lese vergnügt, dass Sie mich als einen „bemitleidenswerten Außenseiter" sehen und möchte Ihnen für dieses Lob (!) aufrichtig Dank sagen. PS.: Der Philosoph Bertrand Russell formulierte dereinst: „Die Tatsache, dass eine Meinung weithin geteilt wird, ist noch lange kein Beweis dafür, dass sie nicht absolut absurd ist." Um es in meinen Worten zu sagen: Die „von oben verordnete" Vereins-Meinung, dass sich in einem Organ oder in einer Schnapsflasche originär die Ursache für eine diesbezügliche Erkrankung befände, ist absurd. Völlig absurd. Komplett absurd. Total absurd.

Eine Trainerin für integratives Atmen und Kinesiologie spart nicht mit Anerkennung und Beanstandung: „Mir sagt der Titel Ihres Buches zu, die Covergestaltung finde ich gelungen, den Text auf der Vorder- und Rückseite interessant, deshalb habe ich es mir gekauft und an einem Wochenende gelesen. Sie halten Wort: Ihr Buch ist erfrischend anders, und ich konnte einige Inspirationen für mich entdecken. Mein einziger Kritikpunkt ist, dass die Themen `Atmen´ und `Körperlichkeit´ bei Ihnen keine Extraerwähnung finden, obwohl Sie doch open-minded sind. Dabei wäre es doch so wichtig für alle Menschen, sich der Bedeutung und der Kraft ihres Atems und der Harmonisierung ihrer Körperkräfte bewusst zu werden, ganz besonders für Kranke. Vielleicht könnten Sie im zweiten Band ausführlich darauf eingehen. Da gibt es so viel zu sagen. Ich würde mich freuen. Danke."

Geschätzte Schreiberin! Ich freue mich über Ihre lobenden Worte und sage Ihnen herzlich Dank dafür. Zu Ihrer konstruktiven Kritik: Tatsächlich hat die erste wie auch die zweite Fassung von „Es liegt immer an einem selbst!" ein eigenes Kapitel zum Thema „Atem" enthalten. Um der Wahrheit die Ehre zu geben: Es war mehr ein „Kapitelchen", da ich bestimmte Gedanken darin nur angestoßen habe. Ich erlaube mir, dies auch in meinem Antwortschreiben zu tun: Der Atem hat allein schon auf der Herkunft/Übersetzung des Wortes (lat. *spirare*, zu Deutsch: *atmen, hauchen, beseelt sein*) einen spirituellen Aspekt. Spiritualität ist ein Thema, das in unserer „modernen Zeit" (für viele gleichgesetzt mit: hektisch, sinnentleert) mehr und mehr an Zuwendung erfährt. Diese Sympathiebekundung ist bestimmt gut und richtig. Bedauerlicherweise übt dieser Bereich auf viele Suchende eine große Faszination aus, insbesondere wenn diese in und mit ihrem irdischen Dasein nicht oder zumindest nicht allzu gut zurechtkommen. In diesem Fall wird Spiritualität (konkret: das, was hierfür gehalten und/oder angepriesen wird) zur Lebenslüge, die über kurz oder lang zur Sucht führt, weil einem das eigene Leben nicht glückt. Sucht, unabhängig davon in welcher Form sie konsumiert wird, ist immer auch Flucht. Wer sich auf der Flucht befindet, kann nicht stillsitzen, kann nicht in sich hineinhören, kann nicht den Antworten auf die essentiellen Fragen des (seines) Lebens nachspüren, kann nicht selbstbestimmt handeln, kann sich nicht dem Fluss des Lebens anvertrauen. Atemtechniken, Entspannungsübungen sowie (geführte) Meditationen sind wahrscheinlich sinnvoll, bleiben aber dennoch nur angenehme Zeit- und Energieaktivitäten, wenn der sinnsuchende Mensch nicht ebenso willens ist, mit Löwenmut in ein Abenteuer zu ziehen, das sich sein Leben nennt. Des Weiteren befand sich in beiden Fassungen auch ein separates Kapitelchen zum Thema „Körperliche Betätigung". Jedenfalls hat mich Ihre nützliche Analyse dankenswerterweise zum Nachdenken „gezwungen". Im Englischen gibt es die Vokabel „to consult one´s pillow", was übersetzt so viel bedeutet wie „sein Kopfkissen zu Rate ziehen". Ich habe also über Ihre Worte gezielt nachgedacht, eine Nacht darüber geschlafen und bin am frühen Morgen lächelnd zu folgendem Entschluss gelangt: Jemand anderer soll über diese bedeutsamen Themenbereiche ein dickes, informatives sowie unterhaltsames Buch schreiben – beispielsweise Sie! Ich wünsche Ihnen frohes Schaffen und gutes Gelingen.

Ein 77-Jahre alter Mann informiert sich vorzugsweise im Internet über seine Erkrankung. Er hätte aber auch gern erfahren, welche medizinischen Behandlungen sowie Operationen bei mir konkret durchgeführt und welche Medikamente mir verordnet wurden. Er hätte so seinen Morbus Crohn besser mit meinem MC abgleichen und seine Schlüsse ziehen können. „Das wäre mir eine große Hilfe gewesen."

Geschätzter Schreiber! Wozu beschäftigen Sie sich mit hohem Zeit- und Energieaufwand mit Ihrem blinkenden, piependen Kontrolllämpchen und wollen dieses mit einem anderen (=meinem) blinkenden, piependen Kontrolllämpchen abgleichen? Welche Schlüsse meinen Sie daraus ziehen zu können, die Sie Ihrem erklärten Ziel der Gesundwerdung näher zu bringen vermögen? Es erscheint allzu schlüssig, in einem blinkenden, piependen Lämpchen (=Symptom=Wirkung) eine unliebsame Störung zu sehen, die so schnell wie möglich beseitigt werden sollte. Andererseits: Wer in einem blinkenden, piependen Lämpchen nur eine unliebsame Störung sieht, die so schnell wie möglich beseitigt werden sollte, betrügt sich selbst. Ich weiß, diese Aussage beutelt einen erstmal kräftig durch, aber weil ich es gut mit Ihnen meine, kann und will ich Ihnen diese Wahrheit nicht vorenthalten. PS.: Konsultationen bei „Dr.

Google", inkl. `Forenblasen´, können unerwünschte, mitunter fatale Nebenwirkungen mit sich bringen.

Ein Schreiber hält sich nicht auf mit Höflichkeiten: „Haben Sie denn noch alle Tassen im Schrank? Sie können doch nicht ernsthaft die Meinung vertreten, dass ein Kranker für seine Erkrankung selbst verantwortlich ist und er darüber auch noch froh und dankbar sein soll. Sie sollten sich etwas schämen!"

Geschätzter Schreiber! Die Tatsache, dass Sie von bestimmten Aussagen in meinem Buch be-ge-troffen sind, sollte Sie in euphorische Stimmung versetzen, da Ihnen Ihre Empörung den Weg zu weisen scheint. Ich freue mich für Sie. PS.: Ich behaupte, dass sich „alle meine Tassen an ihrem Platz im Schrank" befinden. Aber wer kann das von sich selbst schon so genau sagen, nicht wahr? PPS.: „Etwas" schämen? Damit vergeude ich doch nicht meine kostbare Zeit und Energie! Eine rhetorische Frage: Wann haben Sie sich wofür zuletzt geschämt und wenn ja, wie sehr: etwas/viel/ganz (Zutreffendes bitte ankreuzen)?

Eine Schreiberin, die „eigentlich kerngesund" ist und mein Buch nur „zum Zeitvertreib" gelesen hat, merkt an: „Sie sind so direkt in Ihren Worten. Muss denn das sein? Kranke brauchen doch andere Dinge, wie beispielsweise unser aller Mitgefühl, Sensibilität und ganz viel Liebe."

Geschätzte Schreiberin! Ich teile uneingeschränkt Ihren Standpunkt, welche „Dinge" Kranke brauchen. Nur: Das zu Sagende in (Zucker-)Watte zu packen wäre der Unternehmung ganz und gar nicht förderlich. In anderen Worten: Oftmals braucht´s zu Beginn Saures, Süßes gibt´s später.

Ein Schreiber findet das Thema Ernährung "superspannend": "Ich lese Bücher dazu, auch viel im Internet, tausche mich regelmäßig in Foren mit Gleichgesinnten aus. Ich habe auch schon meine Ernährung weitgehend umgestellt, bin aber leider noch immer von meiner Schuppenflechte geplagt, die sich mehr und mehr über meinen Körper erstreckt. Ich weiß nicht warum, aber Ihre Aussagen in Ihrem Buch haben mich auf seltsame Weise angesprochen. Hätten Sie Interesse daran, sich mit mir näher über das Thema auszutauschen?"

Geschätzter Schreiber! Ich lehne Ihr Angebot dankend ab. Warum? Ich bin hierfür nicht der richtige Ansprechpartner, da ich selbst kein gesteigertes Interesse daran habe und auch kein Erfordernis darin sehe, mich „wissenschaftlich" mit dieser Materie zu beschäftigen. Ich füge meinen laienhaften Ausführungen im Kapitel „Ernährung" (Band Eins) noch Folgendes hinzu: Ich würde dieses Kapitel heute schlichtweg mit „Essen" betiteln. „Ernährung" hat für mich immer etwas vom pädagogisch erhobenen Zeigefinger, von Ich-habe-die-Weisheit-mit-Löffeln-gefressen, von Ideologisierung, von Missionierung, von Weltflucht, von Fixierung, von Geldgeschäftemacherei. Alles Ambitionen, die einer Unternehmung, gleich welcher Art, nicht förderlich sind. Im Gegenteil. Eine Empfehlung von mir: Lernen Sie nicht „verbissen" von mir und anderen Personen, lernen Sie „locker und leicht" von Ihrem Darm. Einen besseren Lehrer werden Sie nicht finden. Und: Seien Sie ihm ein gelehriger Schüler.

Glaubensfragen gehören einer Schreiberin zufolge nicht in ein „Gesundheitsbuch", obwohl diese Bezeichnung „in diesem Fall ohnehin sehr fragwürdig ist." Ihr als „aufgeklärter Verstand" und herzkranke Patientin hätte das Kapitel „Gott und Glaube" jedenfalls kein relevantes Wissen vermitteln können. „Wenn ich mich als Agnostikerin schon über theologische Fragen informieren möchte, bevorzuge ich Literatur, die vom Niveau höher angesiedelt ist als Ihre kindlichen, amateurhaften Ausführungen."
Geschätzte Schreiberin! Ich weiß, Intellektuelle (oder diejenigen, die sich selbst so sehen und sich immer und überall so geben) tun sich üblicherweise schwer mit dieser Thematik. Diese meinen, mit ihren kognitiven Fähigkeiten die Existenz eines höheren Wesens beweisen zu können bzw. zu müssen. Da dies – Gott sei Dank! – unmöglich ist, scheitern sie kläglich mit ihrem Vorhaben (selbstredend liegt die Schuld hierfür ausschließlich beim Gegenüber). Meine kindliche Anregung: Haben Sie Mut, sich mit Ihrem Herzen relevantes Wissen anzueignen – Ihr „aufgeklärter Verstand" wird´s Ihnen danken. Ich habe noch einen professionellen Hinweis für Sie: Markus 18,3

„Ich habe mir Ihr Buch gekauft, weil ich den Einbandtext originell geschrieben fand und ich die Hoffnung hatte, dass es sich im Buch fortsetzen würde. Es ist originell geschrieben von der ersten bis zur letzten Seite, öfters konnte ich sogar schmunzeln. Und das bei einem ernsten, sensiblen Thema. Das kannte ich so nicht. Mein Kompliment! Bitte weiter so."
Geschätzter Schreiberin! Ich danke Ihnen für Ihre würdigenden Worte. Es war (ist) mir ein Anliegen, meine Bücher so aufzubereiten, dass sie auch mit Vergnügen gelesen werden können – gerade, wenn

sie ein ernstes, sensibles Thema transportieren. Das eine, schließt das andere ja nicht aus. Lachen ist zwar nicht die beste Medizin, aber mit Sicherheit ein gesundheitsförderndes Elixier. Und: Ohne Leichtigkeit lässt sich eine Schwere nicht überwinden.

„Ich habe Ihr Buch in einer Nacht ausgelesen und mich dabei so wohlgefühlt wie noch nie zuvor. Das mag jetzt „ver-rückt" klingen, aber gerade das verunsichert mich. Ich weiß jetzt gar nicht mehr, was und wem ich glauben soll: Ihnen oder der Schulmedizin. Gezeichnet: Ein `professioneller Zweifler."

Geschätzter Schreiber! Ich deute Ihr Wohlfühlsein dahingehend, dass Ihr Bauch (=innere Stimme) meine ver-rückten Sichtweisen als sinnvoll wie hilfreich erkannt hat. Dass Ihr Verstand „im ersten Moment" (der etwas länger dauern kann!) dagegen opponiert, ist nur allzu verständlich. Lassen Sie ihm Zeit, manches braucht eben seine Zeit, um in der Tiefe und Klarheit ankommen zu können. Zur Klarstellung: Mir geht es gewiss nicht um ein „entweder oder" (=`böse´ Schulmedizin da, `gute´ Ganzheitsmedizin dort, getrennt durch einen tiefen Graben), sondern um ein respektvolles, sich wechselseitig befruchtendes „sowohl als auch". Nur das macht (für mich) Sinn.

Es sind drei Gründe, warum ich zum Abschluss ein Schreiben gesondert hervorhebe. Ad 1) Es umfasst mehrere handgeschriebene Seiten, die mir eingescannt per Mail übermittelt wurden. Ad 2) Drei Personen haben darin unterschiedliche Passagen verfasst – Vater, Mutter und deren gemeinsame fünfzehnjährige Tochter. Ad 3) Dessen Inhalt, es ging hierbei ums Sterben und den Tod, hat mich berührt wie gleichermaßen bestärkt.

Geschätzte Familienmitglieder XYZ! Ich sage Ihnen herzlich Dank dafür, dass Sie mir offenherzig von den „Schicksalsschlägen" berichten, die Ihre Familie „von heute auf morgen so gnadenlos ereilt haben." Ich kann Ihre Schockstarre, Ihre Hilflosigkeit, Ihr Unverständnis, Ihre Zweifel und Ihre Wut gut nachvollziehen. Ich bin aber auch der Meinung, dass Sie sich diesen „Zuständen" schon lange genug intensiv hingegeben haben. Lassen Sie davon los! Jetzt ist es für Sie an der Zeit, eine ver-rückte Sicht zu wagen. Die `populäre´ (etymologisch-wissenschaftlich nicht haltbar), mir aber sehr sympathische Auslegung des Wortes „Schicksal" soll und kann Ihnen dabei eine bestmögliche Starthilfe ins (neue) Leben geben: `Schick´, als Hinweis darauf, jemandem etwas zu schicken, `sal´ vom Lateinischen `salus´: das Heil. Da wird Jemandem also in einer Krisensituation (von wem oder was auch immer) das Heil geschickt. Wie wundervoll, nicht wahr? Viel Erfolg bei Ihren Abenteuerreisen, ich bin sicher, Sie werden diese meistern!

Warum ein zweiter Band?

Wenn sich in einem (Buch-)Titel der Zusatz „Band Eins" findet, ist es zwingend geboten, dass „irgendwann" zumindest ein zweiter Band nachgereicht wird. Ich erfülle hiermit freudig diese Pflicht, indem ich am heutigen Tag mit dem Folgeband eine vor langer Zeit begonnene literarische Unternehmung zum krönenden Abschluss bringe (mein Abenteuer Selbsterkenntnis, Gesundwerdung und Heilwerdung geht unbeirrt weiter).

Johann Wolfgang von Goethe schrieb insgesamt sechsundsechzig Jahre an seinem „Faust", der Tragödie erster und zweiter Teil. Bei mir dauerte es nur neunundzwanzig[4] Jahre bis ich beide Teile fertiggestellt hatte. Sehr wahrscheinlich werden sie von professionellen Literaturkritikern als nicht preiswürdig gesehen. Macht gar nichts. Mein zentrales Anliegen ist es, mit meinen Büchern im Rahmen meiner schriftstellerischen Möglichkeiten „Max und Erika Mustermann" auf unterhaltsame Weise zu verstören wie desgleichen zu bereichern. Als Ideal dient mir hierzu die antike griechische Tragödie[5], die dies virtuos vermochte resp. vermag.

Von mir wird es jedenfalls kein Buch mehr mit dem Titel *Es liegt immer an einem selbst!* geben. Mein „Faust" ist hiermit vollendet.

---

[4] 1992 verfasste ich das Manuskript, 2002 als Buch veröffentlicht

[5] Im Kontext der *Tragödie* (griech. *tragodía*, zu Deutsch: *Bocksgesang* bzw. *Gesang um den Bockspreis*) bedeutet *tragisch* im Gegensatz zur Alltagssprache nicht, dass etwas sehr traurig ist, sondern dass jemand aus einer hohen Stellung „schuldlos schuldig" wird und damit den Sturz über eine große „Fallhöhe" erlebt. Quelle: Internet/wikipedia

Einführende Worte

Geschätzte Leserin, geschätzter Leser!
Erneut hat ein Buch von mir mit abenteuerlichem Inhalt den Weg zu Ihnen gefunden, und all mein Streben wäre verfehlt, würde es thematisch nicht abermals mit größter Vehemenz Zweierlei herbeiführen wollen: Sie in Ihr persönliches Jammertal zu stürzen und zu begleiten – so tief, so dunkel, so verstörend, so fruchtbringend, um Sie hernach auf Ihren persönlichen Gipfel zu führen und zu begleiten – so hoch, so hell, so klar, so fruchtbringend. Ich wünsche mir, dass Sie sich (mittlerweile) nicht mehr daran stoßen, dass im Zusammenhang mit „Jammertal" das Umstandswort „fruchtbringend" Erwähnung findet. Ich versichere Ihnen: Es ist kein Widerspruch.
Wie Sie sehen, bin ich noch immer kein Diplomat, und aller Wahrscheinlichkeit nach werde ich auch keiner mehr werden, heißt: Ich sage und schreibe, was ich denke und empfinde – ohne Schnörkel, ohne Floskel, ohne Verklausulierung. Ich kann und darf mich in keinem Moment danach richten, was von Lesern und/oder Gelehrten „gehört" werden will. Ich agiere nach bestem Wissen und Gewissen sowie auf der Grundlage von Erfahrung und Beobachtung, wobei ich stets von der glühenden Hoffnung getragen bin, dass meine gesprochenen und geschriebenen Worte hilfreich sein mögen für all jene, die willens sind, meine Unterstützung anzunehmen – in aller Entschlusskraft, in aller Klarheit, in aller Sorgfalt.

Einst war eine Hand für mich ausgestreckt. Ich hatte nie aufgehört, es mir von Herzen zu wünschen. Als diese dann scheinbar wie aus dem Nichts auftauchte, ergriff ich sie: freudig, vertrauensvoll, fest. Nun ist meine Hand ausgestreckt. Für Sie.

Thomas Alexander Imre, Berlin im August 2021

PS.: Zum Schluss habe ich noch eine gute und eine schlechte Nachricht für Sie. Die gute Nachricht ist: Sie müssen auch beim vorliegenden zweiten Band nur vom unbändigen Verlangen beseelt sein, in ein Abenteuer zu ziehen, das sich Ihr „Leben" nennt. Die schlechte Nachricht ist: Sie müssen auch beim vorliegenden zweiten Band vom unbändigen Verlangen beseelt sein, in ein Abenteuer zu ziehen, das sich Ihr „Leben" nennt.

Vorwort

„Ein guter Anfang ist kein Meisterstück, doch guter Anfang halbes Glück!"[6]

„Kranksein ist ein geniales Informationsmedium, weil es dem Betroffenen dazu verhelfen kann, ein Sehender zu werden." Nicht nur diese Aussage aus dem ersten Band verstört viele Leser, insbesondere wenn diese erkrankt sind, gleich woran. Ich nehme es zur Kenntnis, halte jedoch aus Überzeugung daran fest. Und ich ergänze zu dieser Stunde: Ein Sehender muss auch ein Gehender werden! Denn: Wer nicht (weg-)geht (kann auch einen Ortswechsel mit sich bringen), wird keinesfalls sein Ziel erreichen können. Gehen muss er seinen Weg schon selbst, jeden einzelnen Schritt, von Hier nach Dort. Ohne Gefährten wird er dabei wahrscheinlich buchstäblich auf der Strecke bleiben, mit Gefährten vermag er es wahrscheinlich bis ins Ziel schaffen.
Band Zwei ist in seinem Umfang schmäler als Band Eins. Das ist der Tatsache geschuldet, dass ich mich diesmal bei einigen Kapiteln kurzhalte und andere von mir sogleich ersatzlos gestrichen wurden (was ich sagen wollte/musste, habe ich gesagt). Unter dem Gesichtspunkt der „10.000-Stunden-Regel" repetiere ich bestimmte Kapitel aus Band Eins hingegen sehr wohl in gebotener Ausführlichkeit, um bestimmte Sachverhalte aufzufrischen beziehungsweise zu vertiefen, damit diese eines fernen Tages von jedem Interessierten gleichermaßen glückend angewendet werden können. Genannte Regel besagt, dass jemand erst nach 10.000 Stunden zielorientierter und disziplinierter Arbeit über erforderliche Kenntnisse so-

---

[6] Anastasius Grün (1806-1876), öst. politischer Lyriker

wie Fertigkeiten verfügt, um eine Unternehmung, gleich welcher Art, erfolgreich handhaben zu können. Wem es damit also ernst ist, ein selbst hochgestecktes, realistisches Ziel zu erreichen, möge heute noch heldenhaft die erste Stunde absolvieren. Die Volksweisheit „Es ist noch kein Meister vom Himmel gefallen" und die inhaltlich idente literarische[7] Weisheit „Vor den Erfolg haben die Götter den Schweiß gesetzt" sind ihm hierbei anspornende Leitbilder.

---

[7] (übersetzt) Hesiod (geb. und gest. um 700 v. Chr.), griech. Dichter, gilt als Begründer des didaktischen Epos

Vergangenheit

„Die Vergangenheit ist ein großartiger Ort, und ich möchte nichts löschen oder bereuen. Aber ich will ebenso wenig ihr Gefangener sein."[8]

Max Mustermann schultert seit Jahren, von früh bis spät und auch noch im Schlaf, sieben Tage die Woche, wo immer er sich aufhält, einen 10-kg schweren Rucksack. Danach gefragt, wieso er das mache, antwortet er freiheraus: „Ich mache es freiwillig! Ich habe auch nicht vor, ihn abzunehmen oder etwas davon rauszunehmen. Ich gehe mit Freude mit schwerer Last durchs Leben.

Erika Mustermann schultert seit Jahren, von früh bis spät und auch noch im Schlaf, sieben Tage die Woche, wo immer sie sich aufhält, einen 10-kg schweren Rucksack. Danach gefragt, wieso sie das mache, antwortet sie freiheraus: „Ich werde von diversen Umständen dazu gezwungen! Ich kann ihn auch nicht abnehmen oder etwas davon rausnehmen. Ich gehe mit Qual mit schwerer Last durchs Leben."

Eine konkrete Frage an Max Mustermann: Was ist so wertvoll für Sie, noch dazu so viele Kilogramm schwer, dass Sie es freiwillig mit sich herumtragen, Tag und Nacht, an jedem Ort?

Eine konkrete Frage an Erika Mustermann: Was ist so wertvoll für Sie, noch dazu so viele Kilogramm schwer, dass Sie es unfreiwillig mit sich herumtragen, Tag und Nacht, an jedem Ort?

---

[8] Mick Jagger, brit. Sänger

Gegenwart

In Band Eins erstreckt sich das gegenständliche Kapitel über mehrere Seiten. In Band Zwei geht es in komprimierter Form zur Sache: Wem sein Leben lieb und teuer ist, lebt im Hier, im Jetzt, im So. Alles andere ist vergebene Liebesmüh´, blockierte Energie und vertane Zeit (mitunter ist es auch hinausgeworfenes Geld, Stichworte: `professionelle´ Astrologie; `professionelle´ Ursache-n-forschung).

Selbstverständlich ist Ihnen aufgefallen, dass sich in Band Eins kein gesonderter Text zum Thema „Zukunft" findet. Auch im vorliegenden Band verzichte ich bewusst darauf. Es ist, insbesondere für Erkrankte, nicht im Geringsten nutzbringend, sich eingehend über Zukünftiges Gedanken zu machen, nicht in rosaroten Farben und nicht schwarzmalerisch.

Was ist Ursache? Was ist Wirkung?

Zwei Fragen vorweg: Kommt für Sie immer und überall zunächst die Ursache[9] und dann erst die entsprechende Wirkung? Gibt es für Sie etwas, was auch immer, das zwar Form (=Gestalt, Materie, Funktion) besitzt, dem jedoch kein adäquater Inhalt (=Idee, Absicht, Bewusstsein) zu Grunde liegt?

Dieses Kapitel war im ersten Band in der wörtlichen Bedeutung des Wortes fehlerhaft, denn: es fehlte etwas. Konkret: Es fehlten die Fragestellungen *Was ist Form? Was ist Inhalt?* Ich werde sie anhand einer von mir ausgedachten „Kaffeehaus-Geschichte" erläuternd nachreichen: Sie als Mann sitzen in einem Café. Eine Ihnen unbekannte Frau tritt an Ihren Tisch und bittet Sie höflich, Platz nehmen zu dürfen. Sie willigen gern ein, während Sie die Frau in Augenschein nehmen. Diese ist adrett gekleidet, gepflegt, alles in allem eine sympathische, attraktive Erscheinung. Sie finden sich beide schnell in einem Gespräch wieder, aus dem Sie Ihre Schlüsse ziehen: Die Frau ist charmant, gebildet, voller Esprit. Das scheint heute Ihr Glückstag zu sein.

---

[9] Wie auch in Band Eins gebrauche ich den Begriff „Ursache" mit Absicht in der Einzahl (treffend wäre der Titel *Das Urprinzip von Ursache und Wirkung*). Wer Ursachenforschungen (Mehrzahl) betreibt oder ´professionell´ betreiben lässt, befindet sich auf einem Trip, der ihn bei seriöser, konsequenter Handhabung zum Urknall führt oder alternativ zur Fragestellung: Was war zuerst da – Henne oder Ei? Fazit: Wer es liebt, seine Zeit, Energie und mitunter Geld zu vergeuden, wird mit ´Ursachenforschungen´ seine helle Freude haben.

Der Kellner kommt an den Tisch, um die Bestellung Ihrer neu geschlossenen Bekanntschaft aufzunehmen. „Ich hätte bitte gern ein großes Glas Wasser." Sie setzen die Unterhaltung mit der Dame fort, in der Sie Ihnen mitteilt, dass sie sehr durstig sei und sich schon auf das Wasser freue. Einen Augenblick später bringt der Kellner die Bestellung. Die Frau hebt das volle Glas an und beäugt es auffallend penibel. Sie blickt von oben ins Glas, ebenso wie sie dessen Boden betrachtet. Sie wendet es mehrmals hin und her, es scheint, als wolle sie jeden Zentimeter des Glases und des Inhalts mustern. Der Kellner, sichtlich irritiert ob dieses Verhaltens der Frau, fragt besorgt: „Stimmt etwas nicht?" „Es scheint mit dem Glas alles bestens zu sein, ebenso mit dem Inhalt", beschwichtigt die Dame. „Darf ich Sie dennoch bitten, dass Sie mir ein anderes Glas bringen, eins mit einer ganz anderen Form, jedoch mit selbem Inhalt?"
Bemüht um die Zufriedenheit des weiblichen Gastes willigt er gern ein. Er bringt ein, wie von der Dame gewünscht, neues Glas mit einer anderen Form, jedoch mit selbem Inhalt. Wiederum beäugt die Frau auffallend genau das Glas, und wiederum wendet sie sich höflich an den Kellner. „Bitte bringen Sie mir ein neues Glas, eins mit einer ganz anderen Form jedoch mit selbem Inhalt."
Sie können sich auf das eigenartige Verhalten der Frau keinen Reim machen und sprechen sie deshalb darauf an: „Ich kann mir beim besten Willen nicht erklären, warum Sie das tun. Sie sagten vorhin, dass Sie großen Durst hätten und sich schon auf das Wasser freuen würden. Und jetzt machen Sie so viel Aufhebens darum, welche Form das Glas hat, aus dem Sie trinken. Sie haben ja noch nicht einmal vom Inhalt gekostet." „Ich kann ehrlich gesagt Ihren Stand-

punkt nicht nachvollziehen", entgegnet Ihnen Ihre neue Bekanntschaft zartbesaitet wie gleichermaßen angriffig. „Ist Ihnen denn die Form nicht mindestens genauso wichtig wie der Inhalt selbst oder vielleicht sogar noch wichtiger?"

Zur ersten Einstiegsfrage in dieses Kapitel: Üblicherweise werden Sie, ohne zu zögern, die Frage mit einem Ja beantwortet haben. Es erscheint Ihnen nur allzu schlüssig, dass zuerst eine Ursache gegeben sein muss und dann eben erst eine logische, gleichsam gesetzmäßige Wirkung eintritt. Immer. Überall.

Ein alltagstaugliches Beispiel führt Ihnen vor Augen, dass die Formel „Wirkung folgt Ursache", chronologisch betrachtet, so nicht absolut ist. Zu besagtem Beispiel: „Ich bin gerade einkaufen, weil morgen die Geschäfte geschlossen sind." Hier ist zwar die Wirkung (=ich bin gerade einkaufen) das korrespondierende Ergebnis einer Ursache, diese liegt jedoch in der Zukunft (=weil morgen die Geschäfte geschlossen sind). Zur Klarstellung: Dieses Beispiel soll keine spitzfindigen Diskussionen befeuern, sondern handfeste Überlegungen nach sich ziehen: Sind manche Dinge wirklich so in Stein gemeißelt, wie wir felsenfest glauben und deshalb angstvoll oder ignorant an ihnen stur festhalten? Plappern wir nur nach, was andere uns vorgeben (wollen), ohne den Schneid zu haben, eigene „abnorme" Gedanken zu fassen, diese zu äußern und mit Leben zu füllen?

Zur zweiten Einstiegsfrage in dieses Kapitel: Ein bloßer Körper, beispielsweise eine Leiche, hat nur mehr Form, und weil sie nur mehr Form hat, zerfällt sie konsequenterweise zu Staub. Was ihr fehlt, ist der Inhalt (=Gedanken, Bewusstsein, Seele). Bringen Sie jetzt nur ein Argument vor, warum Kranksein ein rein funktionales Geschehen sein soll/muss (siehe: blinkendes, piepsendes Lämpchen im Armaturenbrett eines Autos) ohne jedwede dahinterliegende steuernde Idee (die an anderer Stelle ihren Ausgang nimmt)?[10]

Zum Schluss noch eine Anmerkung zur „Kaffeehaus-Geschichte": Ob sich das Wasser nun in diesem oder jenem Behältnis wiederfindet, ist Ansichtssache. Es ist jedoch von essenzieller Wichtigkeit, dass es sich in einem solchen befindet. Hätte der Kellner den (belebenden) Inhalt auf den Boden gekippt, wäre dessen Nutzen für die Frau (und für jeden anderen auch) praktisch Null gewesen.

---

[10] Eine Frage: Würden Sie sich einen Computer kaufen ohne „Innenleben" (=Software=Programme), also nur das Gerät (=Gehäuse=Hardware) allein? Wenn ja, welchen Nutzen versprechen Sie sich davon?

Kann die Medizin heilen?

Ich stellte im Vorfeld zwei Überlegungen an, ehe ich mich an die Arbeit zu diesem Kapitel machte: Eigentlich könnte ich es weglassen, da ich im ersten Band bereits alles geschrieben habe, was ich hierzu sagen konnte und wollte. Eigentlich möchte ich noch einiges mehr hierzu ausführen, das im ersten Band möglicherweise zu kurz gekommen ist.
Ich entschied mich dafür, die zweite Überlegung zu realisieren. In Rekordzeit schrieb ich leicht und locker achtzehn Seiten. Ich fand das Kapitel gut gelungen, dennoch störte mich etwas daran. Ich konnte mir jedoch das Wieso nicht näher erklären, ich spürte nur: Die Sache ist nicht rund. Ich wollte es aber rund haben, allein schon deswegen, weil (mir) das Kapitel wichtig ist. Was also tun? Ich werde die Zeit sinnvoll nutzen und zwischenzeitlich an anderen Stellen im Buch schreiben (es muss ja fertig werden, die nächsten Projekte warten schon). Soweit mein guter Plan. In der Praxis erwies er sich als undurchführbar, weil sich bei mir unversehens eine Schreibblockade festsetzte. Nichts ging mehr, nirgends.
Eine Bestandsaufnahme: Ich habe in den achtzehn Seiten alles reingepackt, was ich weiß, basierend auf eigenen Erfahrungen und Beobachtungen, ich habe sachlich ausgewogen argumentiert, freilich klar Stellung bezogen, und auch der Humor kam nicht zu kurz. Eigentlich habe ich alles richtig gemacht. Und dennoch, Stichwort: unrund. Nachdem in mir die Idee gereift war, vom beharrlichen Feilen nach Perfektion im Text loszulassen, sah ich es plötzlich klar vor Augen: Manchmal ist zu viel einfach zu viel, und dann verkehrt sich das Gutgemachte ins Gegenteil!

Es folgt hier nunmehr eine deutlich verschlankte Version[11], die einen Kompromiss aus beiden Überlegungen darstellt, mit dem ich gut leben kann:
Ich habe den Titel für dieses Kapitel in eine Frage gekleidet und möchte ohne Umschweife darauf antworten: Nein, kann sie nicht! Nicht die Schulmedizin. Nicht die Komplementärmedizin. Nicht die Alternativmedizin. Nicht die Naturmedizin. Nicht die traditionelle chinesische Medizin. Nicht die Voodoo Medizin und sehr wahrscheinlich auch nicht die Medizin grüner Männchen aus fernen Galaxien. Ich mutmaße, dass die Schulmedizin (nur um diese geht es mir hier in diesem Kapitel) vor langer Zeit, siehe „Hippokrates[12]", zumindest sehr nah dran war, einem Heil[13] suchenden Menschen den Heilsweg[14] weisen zu können und ihn auf diesem fürsorglich zu begleiten vermochte. Sie ist dieser Gabe jedoch mehr und mehr verlustig gegangen. Einer der Gründe hierfür ist, dass sie erfolgreich (geworden) ist! Nein, Sie haben sich nicht verlesen: Das Dilemma der Schulmedizin besteht hauptsächlich darin, dass sie erfolgreich ist.

---

[11] Ich verweise auch in diesem Zusammenhang auf den Ausspruch von Voltaire und meine einhergehende geäußerte Absicht, Stichwort: Arbeitsbuch, in den *Lesermeinungen*.

[12] siehe gegenständliches Kapitel in Band Eins

[13] *Heil sein/heil werden* nimmt naturgemäß direkten Bezug auf das *Seelen-Heil* des Menschen. Nur so verstehe und verwende ich den Begriff. Ein bedeutungsgleicher Wortbegriff wäre *ganz sein/Ganzwerdung*. siehe hierzu auch ausgewählte Gedichte/Entstehungsgeschichten in meinem Gedichtband „Sterben! Leben! Lieben!", Verlag Twentysix, 2021

[14] „Das mittelhochdeutsche Wort für `Krankheit´ war `Suht´ (*Sucht* gesprochen). Die frühen Heilkundigen gingen davon aus, dass `Suht´ mit gescheiterter Suche zusammenhing und dass die Erkrankten aufgerufen waren, ihre eigene Mitte zu suchen." Quelle: Internet, Näheres unbekannt

Von einem anderen Standpunkt aus betrachtet lässt es sich auch so sehen: Die Schulmedizin[15] ist meilenweit davon entfernt, einem Heil suchenden Menschen den Heilsweg weisen und ihn auf diesem fürsorglich begleiten zu können. Meine ver-rückte Meinung hierzu ist: Na und, macht doch nichts, man muss es nur wissen, um sich nicht länger dieser trügerischen Hoffnung[16] hinzugeben. Und diese trügerische Hoffnung kann zuweilen Jahre währen, wobei in diesem Fall viel Zeit und Energie nutzlos auf der Strecke bleibt sowie mitunter ein Haufen Geld netterweise in den Taschen obskurer Heilsversprecher landet.

---

[15] Genauso wenig heilen in einem sterilen Labor hergestellte Kortison-Präparate und auch keine auf einer Alm in Vollmondnächten selbstgemachte „Bio-Salbe", wobei im Hintergrund röhrende Hirsche zu hören waren und deren liebestolle Brunftschreie besagte Salbe fantastisch energetisieren.

[16] Von einem ver-rückten Standpunkt aus betrachtet lässt sich eine *Enttäuschung* auch als das „Ende einer Täuschung" erkennen. Ist dies nun gut oder schlecht, beflügelnd oder niederschmetternd? siehe hierzu Max Plank (1858-1947), dt. Physiker: „Auch eine Enttäuschung, wenn sie nur gründlich und endgültig ist, bedeutet einen Schritt vorwärts." siehe hierzu Pearl Bailey (1918-1990), US-Sängerin: „Der erste und schlimmste Betrug ist der Selbstbetrug."

Aber das, was die Schulmedizin kann, macht sie weitgehend vortrefflich, und jeder auch noch so kritische[17] Patient sollte so fair sein, diese Tatsache zu würdigen, jedenfalls zu akzeptieren. Und wenn ein Patient, beispielsweise aufgrund negativer[18] Erlebnisse, schon leidenschaftlich verbittert und/oder verbohrt gegen die „böse" Schulmedizin/„böse" Pharmaindustrie ankämpft, sollte er einmal innehalten, um sich selbst zu reflektieren und dabei das Motiv für sein Tun ergründen. Die Wahrscheinlichkeit, dass es edel und rein ist, ist hierbei gering. Jedenfalls sollte er nach dieser gleichermaßen schmerzhaften wie befreienden Übung der Selbsterkenntnis eine Partnerschaft mit der Schulmedizin anstreben – es muss ja nicht gleich eine Liebesheirat daraus werden.

---

[17] Es gibt gewichtige Gründe, am „System" Schulmedizin konstruktiv Kritik zu üben.
[18] Was ist das Gegenteil von „negativ"? Antwort: positiv. Wer hält jemanden davon ab, positive Erfahrungen zu machen? Mein Tipp: Der Betreffende sich selbst.

Einschneidende Ereignisse
Teil Eins
Ein fast letaler Denkfehler

Bildlich gesprochen schrammte ich in den Anfängen meiner Erkrankung oftmals nur um wenige Millimeter an einer Operation vorbei, deren Ausgang für mich höchst ungewiss gewesen wäre. Zur damaligen Zeit, in den 1980er Jahren, hatte „mein" Morbus Crohn noch einen „Exoten-Status", heißt: diesbezügliche medizinische wie pharmakologische Kenntnisse mit CED-Erkrankungen[19] waren rar. Insbesondere in dem kleinen Krankenhaus, in dem ich zu Beginn meiner Krankenkarriere Hilfe suchte.

Mit einem Wechsel in ein anderes Krankenhaus, einem der größten des Landes, schien es mir zielführend, dass meine Gesundwerdung schneller gelingen könne. Ohne Operation würde es aber wohl nicht gelingen, ließen mich die Ärzte sogleich wissen. Meine Hybris[20] schleuderte ihnen lautstark trotzig meine Antwort entgegen: „Ich muss nicht operiert werden. Meine Krankheit ist einfach so gekommen, also wird sie auch einfach so wieder verschwinden. Ihr alle werdet schon noch sehen!" Was wir alle zu sehen bekamen, war, dass meine Krankheit nicht einfach so von mir abließ. Im Gegenteil: Sie nahm mich noch mehr in den Würgegriff.

---

[19] CED=chronisch entzündliche Darmerkrankungen
[20] *Hybris* (altgriech. für ‚Übermut', ‚Anmaßung') bezeichnet eine extreme Form der Selbstüberschätzung oder auch des Hochmuts. Quelle: Internet/wikipedia

.

Meine Tage sind gezählt

Eineinhalb Wochen vor besagtem Ereignis besuchte ich nach längerer Zeit wieder meinen Arzt bei ihm zuhause. Da ich instinktiv wusste, dass es jetzt dem Ende zu gehen würde, sprich: dass ich beziehungsweise mein „kranker" Darm dringend einer chirurgischen Intervention bedurfte, wollte ich vorher noch einmal zu ihm. Mit ihm reden, ihm zuhören, mit ihm gemeinsam schweigen, ihm nahe sein.
Als ich aus meinem Auto stieg, erwartete er mich bereits an der Haustür: „Um Gottes Willen, wie schauen Sie denn aus? Sie müssen ins Krankenhaus, sofort!" Dies waren seine „Willkommensworte". Es stand mir schon von weitem ins Gesicht geschrieben, dass ich krank war, sehr krank. Unseren obligatorischen gemeinsamen Spaziergang durch den angrenzenden Wald, zu dem ich drängte, musste ich bereits früh abbrechen. Jeder Schritt strengte mich immens an, mein Körper war erschöpft[21].
Mein Geist hingegen war zu jenem Zeitpunkt noch hellwach, und so registrierte ich jedes Wort, das er sprach. Er berichtete unter anderem davon, dass einem fünfzehnjährigen Nachbarsjungen unlängst ein Körperteil amputiert werden musste. Auch wenn das Geschehen für den Jungen gewiss eine Extremsituation darstellte, werde ich auf die näheren Umstände nicht eingehen. Sie tun jetzt nichts zur Sache.

---

[21] Die Medizin bezeichnet diesen Zustand als *Kaxechie* (altgriech. *kakos* ‚schlecht' und *hexis* ‚Zustand', zu Deutsch: *sehr starke Abmagerung, schlechter Zustand, Auszehrung*). Kachexie ist ein multifaktorielles Syndrom, das bei verschiedenen chronischen Erkrankungen auftritt. Quelle: Internet/wikipedia

Ich will Sie stattdessen in diesem Zusammenhang Folgendes wissen lassen: Diese un-barmherzige (beabsichtigte Schreibweise) Mitteilung schlug mich nicht panisch in die Flucht. Zugegeben, es fühlte sich im ersten Moment wie ein Schlag in die Magengrube an. Aber: Im zweiten Moment ließ sich mich umgehend und dauerhaft auf wundersame Weise ruhig wie gleichzeitig heiter werden. Es öffnete sich in meinem Innern ein mir bis dato unbekanntes Tor, durch das ich vertrauensvoll erhobenen Hauptes schritt. Nach diesem kurzen, jedoch intensiven Gedanken- und Gefühlsaustausch mit meinem Arzt fuhr ich sogleich ins Krankenhaus, um das Erforderliche in die Wege zu leiten. Keine vierundzwanzig Stunden später wurde ich stationär aufgenommen.

Sicher ist sicher

Einen Tag vor dem Tag X hörte ich die Meldung zunächst in aller Herrgottsfrühe im Radio, dann mehrmals über den Tag verteilt auf verschiedenen Sendern. In einem Krankenhaus in einer anderen Stadt wurde ein Patient verwechselt. Dieser sollte wegen seines lädierten Knies operiert werden – und wachte ohne seine Hoden auf, aber immer noch mit lädiertem Knie. Kein Witz, tatsächlich so geschehen.

Ich gebe gern zu, dass ich mir nicht sonderlich intensive Gedanken über den Gemütszustand des Mannes machte. Wohl auch deshalb, weil er schon über siebzig Jahre alt gewesen ist und seine Familienplanung sehr wahrscheinlich schon abgeschlossen hatte. Mein Hauptinteresse galt meiner Person: Nein, mich können sie nicht verwechseln, dafür werde ich schon sorgen. Außerdem ist mein Bauch ohnedies so unübersehbar aufgebläht, dass man meinen könnte, ich hätte einen Medizinball verschluckt.

Der große Tag

Ich: „Guten Morgen, meine geschätzten Damen und Herren: Ich bin der Mann mit dem Darm!" Allseits mir freundlich zunickende Köpfe, die mir Verständnis und Zuversicht signalisieren. All meine Bedenken und meine Angespanntheit fallen augenblicklich von mir ab. Ich vertraue dem großen Weltenlenker. Ich vertraue den Leuten hier im Operationssaal. Ich vertraue mir selbst. Eine Win-Win-Win-Situation.

Mein Chirurg tritt auf mich zu, mit ruhiger, fester Stimme sagt er: „Herr Imre, ich verspreche Ihnen, dass Ihr Darm nach der Operation wieder wie neu sein wird und dass Sie auch wieder mit Ihren Kronjuwelen aufwachen werden." „Herr Doktor Müller[22], ich weiß: Vor Gericht, auf hoher See und auf einem OP-Tisch ist man in Gottes Hand. Ich begebe mich jedoch auch gern in Ihre Hände, weil ich auf Ihr Können vertraue und darauf, dass Sie es gut mit mir meinen. Sollten Sie allerdings einen Murks machen, stattet Ihnen mein böses Ich einen Besuch ab. Und das wird mit Sicherheit kein netter Plausch werden bei Kaffee und Schwarzwälder Kirschtorte."

Wo bin ich?

Ich bin aufgewacht. Ich muss mich zunächst einmal orientieren. Nein, ich bin wohl nicht im Himmel gelandet. Da schaut es sicher anders aus, und da muss es auch anders riechen, irgendwie nach Lebkuchen. Und für die Hölle ist es hier nicht heiß und dreckig genug, außerdem stinkt es da sicher fürchterlich nach Schwefel. Ich weiß schon wieder: Das hier ist die Aufwachstation. Kann auch ein schöner Ort sein.

---

[22] Name von mir geändert

Ich hob die Bettdecke an, um meinen Bauch in Augenschein nehmen zu können und ihn abzutasten. Aua, tut das verflucht weh. Aber: Weit und breit kein Medizinball mehr in Sicht und auch kein Stoma. Danke, danke, danke! Eine Schwester tritt auf mich zu: „Herr Imre, es ist alles gutgegangen. Ich soll Ihnen von Herrn Oberarzt Müller ausrichten, dass er sich schon auf eine Einladung von Ihnen zu einem netten Plausch freut, Kaffee und Schwarzwälder Kirschtorte inklusive. Er sagte, Sie wüssten schon, was damit gemeint sei." Das Sprechen fiel mir noch schwer, aber ich konnte lächeln. Und ich lächelte. Ich lächelte die Krankenschwester an, und die Krankenschwester lächelte mich an. Ich lächelte die Welt an, und die Welt lächelte mich an.

Entlassung aus dem Krankenhaus

Mein Chirurg ließ es sich nicht nehmen, mich persönlich zu verabschieden. Wir hatten vor und nach meiner Operation manch offenherzige Privatgespräche geführt sowie uns kampfesfreudig bei Erörterungen in puncto Schulmedizin und Religion gemessen. „Als Ihr behandelnder Arzt muss und will ich Ihnen dringend nahelegen, regelmäßige Kontrollen machen zu lassen, und Sie sollten Ihre Medikamente einnehmen. Auch wenn ich weiß, dass Sie nichts davon tun werden. Wenn Sie Schmerzen haben, kommen Sie aber sofort zu uns und warten Sie nicht wieder bis auf den letzten Drücker. Ich hoffe doch sehr, dass Ihnen dieser ganze Scheiß eine Lehre gewesen ist."

Ich habe Herrn Doktor Müller nie mehr wieder gesehen noch je von ihm gehört. In ehrender Erinnerung ist er mir als souveräner, cooler, herzensguter wie witziger Arzt und Mensch geblieben. Mit seinen Vorhersagen lag er richtig: Ich war zwanzig Jahre lang bei keiner einzigen Vorsorgeuntersuchung und habe keine einzige Tablette eingenommen. Wozu hätte ich sollen? Mein Darm ist seit dieser Zeit wie neu (das andere mir gegebene Versprechen hat er dankenswerterweise auch eingelöst).

Einschneidende Ereignisse

Teil Zwei

Dank und Anerkennung

Ich verdanke mein Leben dem Können und Wollen meiner mich operierenden Chirurginnen und Chirurgen (und ich habe es ihnen, zugegeben, nicht immer leicht gemacht, da ich ein „herausfordernder" Patient bin). Bei aller gebotenen Wertschätzung sehe ich sie dennoch nicht als meine Lebensmenschen. Meinen Darm sehe ich hingegen als meinen „Lebensmensch". Jetzt. Gut Ding will eben Weile haben.

Im Schlaf liegt Hilfe

Ich schwankte in keinem Moment, als ich die Grundsatzentscheidung traf: Ich werde meinen Lesern bereitwillig mitteilen, dass ich beziehungsweise mein „kranker" Darm nach zwanzig Jahren Verschnaufpause wiederum einer chirurgischen Intervention bedurfte – dringend und mehrere Male.
„Wie viel davon soll ich sagen?", darüber war ich mir nicht schlüssig. Zunächst entschloss ich mich spontan für ein „Alles!", eine Stunde später votierte ich für ein wohldurchdachtes „Ich werde nicht ins Detail

gehen!". Dann sprang ich gedanklich im Minutentakt von hier nach dort. Ich war genervt davon, weil ich mich zu keiner klaren Entscheidung durchringen konnte. Allerdings: Wer sich zu einer Entscheidung durchringen muss, wird wahrscheinlich nicht lächeln können, weil er dabei kein gutes Bauchgefühl haben wird. Das wollte ich aber, unbedingt. Ich vertraute darauf, dass mir mein Schlaf Gewissheit bringen könne. Aufgewacht, die Augen noch fest geschlossen, dem ersten Impuls folgend: Ja, so mache ich es!

Das Wesentliche

Es gäbe viel Ereignisreiches, welches ich meinen Lesern über die chirurgischen Interventionen (Dramatik pur!) berichten könnte; nicht zu vergessen die „Nebenschauplätze". Zusammengenommen wäre es ein großartiger Stoff für einen Roman. *Es liegt immer an einem selbst!* bedient dieses Genre jedoch nicht. Der gegenständliche Abschnitt beinhaltet keine Materialkunde über Kontrolllämpchen, noch kann und will er eine Gebrauchsanweisung über deren fachgerechten Aus- bzw. Einbau liefern. Er ist ebenso kein Leitfaden für Hätte-Hätte-Fahrradkette-Überlegungen, Selbstmitleid, Gezeter, Projektionen, Verurteilungen und dergleichen Unproduktives mehr.
Er beschränkt sich vielmehr auf die unterhaltsame Wiedergabe von Fakten, oder in einer anderen Formulierung: er transportiert ein Hilfspaket. Das Vorrecht des Autors ist es, dass er die Geschichte wählt, die er seinen Lesern dienlich erzählt. In meinem Fall hat meine (Kranken-) Geschichte mich erwählt, sie zu erzählen. Ich bin gleichsam Autor wie Chronist. Der Leser ist der Juror, er hebt oder senkt den Daumen. Das ist sein Vorrecht.

Auf die nächsten zwanzig Jahre! [23]

Zwanzig Jahre lang war mir der „Scheiß" eine Lehre. Das ist eine lange Zeit. Oder auch nicht. Kommt drauf an. Jedenfalls ist der Kelch, sprich: eine weitere Operation, zwei Jahrzehnte an mir vorübergegangen. Dann ward die Stunde gekommen, da er, größer denn je, scheinbar wie aus dem Nichts vor mir auftauchte. Gefüllt bis oben hin, leerte ich ihn bis zur bitteren Neige. Ich wollte nicht. Ich habe es mir nicht gewünscht. Ich habe nicht darum gebeten. Ich musste es tun, da es mein Kelch[24] war, von mir selbst befüllt.

Es stimmt schon: Das Schicksal in seinen tausend Verkleidungen beutelt einen oftmals kräftig durch, und es gibt triftige Gründe, es dafür zu verdammen,

---

[23] In der antiken griechischen Tragödie wird *Hybris* als Auslöser für das Scheitern des Protagonisten verwendet, der in seiner Überheblichkeit die von Göttern gegebenen Befehle und Gesetze missachtet. Auf die menschliche *Hybris* folgte die göttliche Bestrafung durch *Nemesis*, was schließlich zum Fall und Tod des Protagonisten führt. Das Verb *hybrízein* bedeutet bei *Homer* „zügellos werden", „sich austoben". *Homer* gilt als frühester Dichter des Abendlandes. Weder sein Geburtsort noch das Datum seiner Geburt oder das seines Todes sind zweifelsfrei bekannt. Es ist nicht einmal sicher, dass es *Homer* überhaupt gab (siehe auch *Homerische Frage*). Ein *Protagonist* bezeichnet in der griechischen Tragödie den „Darsteller der ersten Rolle". Heute wird darunter in Film und Literatur die Hauptrolle bzw. der Held einer Handlung verstanden. *Nemesis*, zu Deutsch: *Zuteilung (des Gebührenden)*, ist die Göttin des gerechten Zorns bzw. der ausgleichenden Gerechtigkeit Quelle: Internet/wikipedia

[24] *Taumelbecher* oder *Taumelkelch* bezeichnet in der Bibel einen Becher, der mit betäubendem Getränk gefüllt ist und der den Zorn Gottes bzw. das göttliche Gericht symbolisiert. Dieser Kelch ist das Gegenteil des *Kelchs des Heils*.
Quelle: Internet/wikipedia

allerdings: Wer sein eigenes Schicksal verdammt, verdammt sich selbst. Wer will das schon? Aber auch das stimmt: Das Schicksal zeigt sich einem stets und überall wundersam gnädig, und es gibt tausend Gründe, es zu lieben (und damit sich selbst) – und dafür zu danken (wem auch immer). Wer will das nicht?

Jetzt

„Das Jetzt hat Flügel.[25]"

Allgemein gefragt: Was bedauert ein erwachsener Mensch, so er etwas bedauert, wenn er am Ende seines irdischen Daseins angelangt ist? Ich gebe zwei mögliche Antworten vor: 1) Das, was er in seinem Leben nicht gemacht/gesagt hat, obwohl er es „eigentlich" wollte und dazu auch befähigt gewesen wäre. 2) Das, wovon er in seinem Leben nicht gelassen hat, obwohl er es „eigentlich" wollte und dazu auch befähigt gewesen wäre.

Konkret gefragt: Was werden Sie bedauern, so Sie etwas bedauern werden, wenn Sie am Ende Ihres irdischen Daseins angelangt sind? Welche Konsequenzen ziehen Sie daraus? Anders gefragt: Was tun Sie – jetzt, wovon lassen Sie – jetzt?

---

[25] Manfred Hinrich (1926-2015), dt. Philologe, Schriftsteller

Gespräche

„Nach manchen Gesprächen mit Menschen hat man den Wunsch, einen Hund zu streicheln, einem Affen zuzulächeln und vor einem Elefanten den Hut zu ziehen.[26]"

Wiederum bitte ich zwei Kranke zum Gespräch. Im Unterschied zum ersten Band findet sich nur mehr ein Darmkranker darunter. Die zweite Person leidet an einer „Störung", die an anderer Stelle im Körper ihre Ausdrucksmöglichkeit findet. So will ich aufzeigen, dass es für das tiefgehende Verständnis für Kranksein unwesentlich ist, ob die Krankheit[27] nun A, B oder Z heißt und welches Symptom[28] (=Wirkung) sich im Körper wo und wie manifestiert. In einer „naiven, unverschämten" Formulierung: Nur Kranke können geheilt werden, niemals eine Krankheit![29]

---

[26] Maxim Gorki (1868-1936), russ. Schriftsteller

[27] Eine radikale (=an die Wurzel gehende) Frage: Verwenden Sie das Wort `Krankheit´ auch in der Mehrzahl, also: *Krankheiten*? Ich unterstelle Ihnen, dass Sie es tun. Es ist ja auch üblich. Haben Sie das Wort `Gesundheit´ schon einmal in der Mehrzahl gehört, gelesen oder selbst verwendet, also: *Gesundheiten*? Im Umkehrschluss gefragt: Warum verwenden Sie das Wort `Krankheit´ auch in der Mehrzahl, das Wort `Gesundheit´ üblicherweise jedoch nur in der Einzahl? (Anmerkung: Der Duden kennt keine Mehrzahl von Gesundheit) Noch eine knifflige Frage: Bilden Sie von dem Wort `Bewusstsein´ die Mehrzahl: *Bewusstseins*? *Bewusstseine*? Klingt alles seltsam, nicht wahr? (Anmerkung: Bewusstseine – laut Duden ist dies die Mehrzahl von Bewusstsein. Mit Verlaub, geschätzte Duden-Redaktion, das ist kompletter Unsinn: Es kann von diesem Einheitszustand des Menschen keine Mehrzahl geben!)

[28] Der Begriff *Symptom* ist abgeleitet von (altgriech.)*symptoma*, zu Deutsch: zufallsbedingter Umstand

[29] frei nach Émile Coué, siehe Band Eins

Nochmalig lasse ich meinen Arzt zu Ihnen sprechen, und abermals gilt meine Empfehlung/"Warnung": "Hören" Sie ihm zu, aber seien Sie sich dessen bewusst, dass das Gesagte möglicherweise Bahnbrechendes in Ihnen auszulösen mag. Wie jetzt: nur[30] zuhören? Das reicht aus? Kann man denn nicht mehr tun, muss man denn nicht mehr tun? Natürlich können Sie ihn, im übertragenen Sinne, mit Ihren gewitzten (Gegen-)Argumenten über den Haufen schießen wollen, nur: Warum sollten Sie das tun, was sollte Ihnen das bringen? Er ist ja nicht Ihr Widersacher, ebenso wenig wie es Ihre Erkrankung ist. Beide wollen Ihnen "nur" helfen. Es liegt an Ihnen selbst, ob Sie das als "Super-Chance" begreifen und gewinnbringend für sich selbst nutzen – oder nicht.

Herr N., 49

Im Alter von 23 Jahren machten dem bis dahin gesunden Mann "von einem Tag auf den anderen" krampfartige Bauchschmerzen zu schaffen, inklusive "ganz schlimmer" Stuhlgänge. Er fühlte sich schon nach dem Aufwachen körperlich wie geistig schlapp, und nur mit großer Energieleistung konnte er sich dazu aufraffen, sein Tagewerk zu vollbringen. Seine Frau drängte ihn dazu, diese "komische Sache" medizinisch abklären zu lassen, "weil so kann es ja nun wirklich nicht mehr weitergehen."

---

[30] Ein wertschätzendes Zuhören "mit beiden Ohren" (und den Augen) bedeutet sein Gegenüber willkommen zu heißen, auch und ganz besonders in seinem Anderssein. Ein Wagnis, gewiss, aber oftmals ein sich lohnendes; vornehmlich passiert es einem dann, wenn man gar nicht damit rechnet…

Nach Schilderung der Symptome und einer manuellen Abtastung des Bauches durch seinen Hausarzt überwies ihn dieser hinsichtlich einer genauen Diagnoseerstellung an einen Magen- und Darmspezialisten. Nach radiologischen sowie endoskopischen Untersuchungen bekräftigte der Facharzt den „Verdacht" (Morbus Crohn) des Allgemeinmediziners. Herr N. wurde in den vergangenen zwei Jahrzehnten schon „x-mal" am Darm operiert: „Es wird bald nichts mehr da sein, was weggeschnitten werden kann." Aufgrund der Schwere der Erkrankung und der damit einhergehenden Belastungen sowie Einschränkungen ist er seit Kurzem frühpensioniert.

Autor: Warum sind Sie darmkrank?

Herr N.: Das ist eine gute Frage, auf die ich aber keine Antwort habe. Nicht, weil ich nicht will, sondern, weil ich sie nicht beantworten kann. Das ist einer der Gründe, warum mich die ganze Sache so sehr belastet. Niemand in unserer gesamten Verwandtschaft hat so etwas. Ich bin der Einzige. Ich hoffe nur, dass es nicht auch meine Kinder eines Tages bekommen werden. Man weiß ja nie. Ich bin auf alle Fälle körperlich und seelisch ein Wrack.

Autor: Können Ihnen Ihre Ärzte das Warum für Ihre Darmerkrankung sagen?

Herr N.: Irgendwie ja und irgendwie nein. Ich weiß, das hört sich jetzt komisch an. Sagen wir mal so: Mittlerweile verstehe ich die medizinische Erklärung. Aber irgendwas in mir sucht trotzdem noch nach einer anderen Erklärung, aber ich finde sie nicht.

Autor: Halten Sie es für möglich, dass Ihr Denken Ihre Krankheit verursacht?

Herr N.: Sie sind der Erste, der mir jemals so eine Frage gestellt hat. Und Sie werden sich vielleicht jetzt wundern: Manchmal denke ich tatsächlich, dass es damit etwas zu tun haben könnte. Aber dann sage ich mir: Warum sollte ich mir selbst schaden wollen? Das macht doch überhaupt keinen Sinn! Womit habe ich das nur verdient?

Autor: Welche Maßnahmen setzen Sie konkret, um wieder gesund zu werden?

Herr N.: Ich werde nicht mehr gesund werden, dieser Zug ist schon lange abgefahren. Ich lasse zweimal im Jahr meinen Darm untersuchen, um sicher zu gehen, dass nichts mehr Bösartiges in mir nachwächst. Ich nehme regelmäßig meine Medikamente. Ich halte mich an meinen Diätplan. Ich schone mich so weit das möglich ist. Ich versuche Stress und anderen Dingen, die mich belasten könnten, aus dem Weg zu gehen. Mehr kann ich nicht tun.

Autor: Lesen Sie Bücher oder im Internet zu Ihrer Erkrankung?

Herr N.: Zu Beginn meiner Erkrankung habe ich ein medizinisches Buch gelesen, seitdem aber nicht mehr. Im Internet lese ich ab und zu mal was. Ich versuche aber regelmäßig zu Treffen meiner Selbsthilfegruppe zu gehen. Dort gibt es Leute, die sich gut auskennen und einem helfen.

Autor: Wobei genau kennen sich diese Leute aus, und wie helfen sie einem?

Herr N.: Da Sie selbst auch an chronischen Darmerkrankungen leiden, wissen sie aus eigener Erfahrung, wie schlimm das alles für einen ist. Sie wissen aber auch Vieles über den Darm und können Untersuchungsbefunde verständlich erklären. Sie kennen sich bei Tabletten aus und geben Tipps, welcher Arzt spezialisiert ist für Darmerkrankungen. Da gibt es auch Vorträge über Ernährung und andere Dinge. Das ist mir alles eine große Hilfe.

Autor: Worüber wird in der Selbsthilfegruppe noch gesprochen?
Herr N.: Über Privates, über ganz normale Dinge. Wir sind ja auch normal, außer dass wir eben diese Krankheit bekommen haben und damit leben müssen.
Autor: Wurde in der Gruppe auch schon mal über Polaritätslehre, Krankheitsbilderdeutung und über das Sterben und den Tod gesprochen?
Herr N.: Nicht wenn ich dabei war. Ich weiß auch gar nicht, was das ist. Über den Tod wird immer nur dann geredet, wenn ein Mitglied gestorben ist. Wenn es irgendwie geht, halte ich mich dabei raus. Mich belastet das sehr.
Autor: Bereiten Sie sich auf Ihr Sterben und Ihren Tod vor und wenn ja, wie machen Sie das konkret?
Herr N.: Können wir bitte das Thema wechseln?
Autor: Ist für Sie Gesundwerdung und Heilung dasselbe?
Herr N.: Keine Ahnung. Ist das nicht Haarspalterei? Ich sehe keinen Grund, darüber nachzudenken.
Autor: Ich danke Ihnen für dieses Gespräch.

Frau D., 61

Von mir nicht angeregt oder dazu gar aufgefordert, schleppte Frau M. zu unserem Gespräch zwei prallgefüllte Ordner an: „Das sind nur die ärztlichen Schreiben und Befunde der letzten fünf Jahre. Zuhause habe ich einen ganzen Schrank davon." Frau M. war sichtlich enttäuscht darüber, dass ich diese Information ignorierte und sogleich das Gespräch eröffnete.

Autor: Seit wann sind Sie krank und warum?
Frau D.: Seit meiner Pubertät, und das hat etwas mit meiner Familie zu tun. Das sagen mir auch alle Psychotherapeuten und Psychiater, bei denen ich in Behandlung war. Bei zweien davon bin ich nach wie vor

in Behandlung. Ich gehe aber nur unregelmäßig zu ihnen. Ich bin sicher, die haben mich auch schon aufgegeben. So wie meine Familie und meine Freunde. Sie können oder wollen einfach nicht verstehen, was ich durchmache.

Autor: Haben Ihnen die Psychotherapeuten und Psychiater beispielsweise auch die Polaritätslehre, Reinkarnationslehre, Krankheitsbilderdeutung und das Resonanzgesetz nähergebracht?

Frau D.: Nein, ich weiß auch gar nicht, was das sein soll. Da sie es nicht angesprochen haben, wird es auch nicht wichtig sein.

Autor: Möchten Sie gern Näheres darüber erfahren?

Frau D.: Nein, ich habe für so was kein Interesse und auch gar keine Zeit. Ich muss mich um meine Krankheit kümmern. Nur das zählt.

Autor: Haben die Psychotherapeuten und Psychiater mit Ihnen übers Sterben und den Tod gesprochen?

Frau D.: Gott, behüte nein! Das würde ich auch niemals wollen. Da würde ich sofort aufstehen und gehen oder mich verschließen. Das ist doch ein schreckliches Thema. Man darf doch einen Kranken nicht mit so etwas belasten. Man muss ihn doch wiederaufrichten, wenn es ihm schlecht geht. Man muss ihm doch Hoffnung machen, sagen, dass alles wieder gut werden wird. Ich finde es schlimm, dass Sie mir überhaupt so eine Frage stellen! Am liebsten würde ich das Gespräch sofort beenden.

Autor: Kein Wort mehr von mir dazu. Eine andere Frage: Halten Sie es für möglich, dass Ihr Denken Ihre Erkrankung verursacht?

Frau D.: Was ist denn das schon wieder für eine absonderliche Frage!

Autor: Belastet Sie diese Frage?

Frau D.: Belasten nicht, aber frech ist sie schon.

Autor: Wieso ist sie frech?

Frau D.: Weil Sie mir damit unterstellen, dass ich mich selbst krank `gedacht´ haben könnte. Ich war immer ein positiv denkender Mensch, auch wenn es mir noch so schwergefallen ist. Ich weiß nicht, warum mein Leben so verlaufen ist. Ich wünsche mir nichts sehnlicher, dass ich das alles hinter mir zurücklassen könnte. Und dass es das Leben auch einmal gut mit mir meint. Ich will doch nur gesund werden, dann wäre ich der glücklichste Mensch auf Erden. Dann könnte ich all die Dinge tun, die mir Spaß machen würden.

Autor: Was sind das für Dinge?

Frau D.: Die kann ich jetzt gar nicht alle aufzählen.

Autor: Was verstehen Sie unter Heilung?

Frau D.: Heilung heißt für mich, dass der Horror in meinem Leben ein Ende findet.

Autor: Möchten Sie denn auch geheilt werden?

Frau D.: Wie bitte? Fragen Sie mich jetzt ernsthaft, ob ich wieder gesund werden möchte? Ja, was glauben Sie denn?!

Autor: Ich danke Ihnen für dieses Gespräch.

Herr Dr. G., 50, Anästhesist und Intensivmediziner

Autor: Darf ich Ihnen vorab wieder zwei, drei private Fragen stellen?

Dr. G.: Ich bin erstaunt: Fragen Sie mich jetzt um Erlaubnis? Letztes Mal haben Sie das Gespräch mit der Frage eröffnet, ob ich mich selbst für normal halte. *(lacht)* Was haben Sie denn heute für mich?

Autor: Dieses und jenes.

Dr. G.: Ich bin gespannt.

Autor: Fleischesser, Vegetarier, Veganer – was sind Sie und warum?
Dr. G.: Ich war als Kind schon kein großer Fleischesser, weil mir die Tiere immer leidgetan haben. Als Student habe ich dann und wann mal Fleisch und Wurst gegessen, aber mehr zum Probieren. Geschmeckt hat es mir nie sonderlich. Lange Zeit war ich Vegetarier, seit einigen Jahren bin ich das, was man landläufig unter einem Veganer versteht. Aber ich bin keiner, der sein soziales Umfeld damit belästigt oder gar terrorisiert. Hoffe ich zumindest *(lacht)*.
Autor: Was meinen Sie damit?
Dr. G.: Ich lebe weitgehend vegan, vor allem was meine Ernährung betrifft, weil ich es ethisch für richtig halte und weil es mir körperlich, mental und seelisch guttut. Ich sehe mich aber nicht als Missionar, der Ungläubige bekehren muss. Offen gesagt: `Super-Vegetarier´, `Super-Veganer´ und andere `Super-Ernährungsexperten´ finde ich nervig.
Autor: Sündigen Sie dann und wann auch, `essenstechnisch´ gesehen?
Dr. G.: Ja, ich sündige `essenstechnisch´ gesehen, aber selten und wenn, werde ich nicht von Reue geplagt. Sünde und Genuss schließen sich grundsätzlich nicht aus. Zumindest sehe ich es so.
Autor: Sie haben ja so recht: Fleischliche Sünden bieten und bereiten so viel an Lust und Genuss.
Dr. G.: *(lacht)* Diese Art der Sünde wollen wir jetzt aber nicht näher erörtern.
Autor: Wollen wir nicht?
Dr. G.: Wollen wir nicht.
Autor: Vielleicht ein andermal. Atmen Sie nach bestimmten Techniken, meditieren Sie?
Dr. G.: Ich bin mir der Bedeutung des Atems bewusst, aber ich wüsste nicht, dass ich nach bestimm-

ten Techniken oder Konzepten atme. Ich begebe mich auch nicht in eine bestimmte Körperposition und sage: So, jetzt meditiere ich mal! Ich meditiere, wenn man das schon so bezeichnen will, wenn ich allein in meinem Keller sitze und an elektronischen Dingen bastle. Dabei kann ich prima abschalten. Dabei brauche ich keine Räucherstäbchen. Sind wir jetzt mit den privaten Fragen durch?

Autor: Eine habe ich noch: Sind Sie bei Ihren Kollegen im Krankenhaus beliebt?

Dr. G.: Ich verstehe, Sie packen den Hammer heute erst später aus. *(lacht)* Diese Frage müssen Sie meinen Kollegen stellen.

Autor: Und umgekehrt?

Dr. G.: Ich will es mal so sagen: Ich habe Kollegen, das Pflegepersonal bis zu den Reinigungskräften ist für mich Teil davon, mit denen verstehe ich mich gut, da findet auch privater Austausch statt. Und dann gibt es Kollegen, mit denen verkehre ich auf rein beruflicher Ebene.

Autor: Gehen wir in medias res: Wird ein Kranker in einem Krankenhaus oder in einer Arztpraxis so behandelt, dass er davon geheilt werden kann?

Dr. G.: Klare Antwort: nein!

Autor: Ich bin ganz Ohr!

Dr. G.: Die Schulmedizin weiß Vieles und leistet Großes, ebenso wie die medizinische Industrie, die Pharmazie, die Forschung, die Entwicklung. Von einer Sache jedoch wissen alle zusammen sehr wenig bis gar nichts: von Heilung.

Autor: Jetzt fällt mir gleich mein Ohr ab!

Dr. G.: Verkürzt gesagt: Ein Patient wird üblicherweise `nur´ schulmedizinisch behandelt.

Autor: Verkürzt nachgefragt: Was ist an schulmedizinischer Behandlung falsch?

Dr. G.: Gar nichts, habe ich auch nicht behauptet. Ich sprach von `nur´ schulmedizinischer Behandlung.
Autor: Was meinen Sie damit konkret? Nehmen Sie sich bitte Zeit für eine längere Antwort. Vielleicht verstehe ich dann ja, was Sie mir sagen wollen.
Dr. G.: Ich bin jetzt in einer Zwickmühle: Ich mag es grundsätzlich nicht zu verallgemeinern. In diesem besonderen Fall tu ich es, weil es mir eine Herzensangelegenheit ist und ich die Hoffnung habe, dass ich somit vielleicht bei Kollegen und Patienten einen Beitrag leisten kann für ein besseres Verständnis von Kranksein. Wenn ich also von `der´ Schulmedizin spreche, pauschaliere ich. Behalten Sie das bitte stets im Blick.
Autor: Verstanden und versprochen!
Dr. G.: Ein Patient wird im Wesentlichen auf sein Organ beziehungsweise auf ein bestimmtes Körperteil reduziert. Das wird dann nach allen Regeln der ärztlichen Kunst untersucht, behandelt, therapiert. Hier setzt auch meine Kritik ein: Die Schulmedizin ist `symptom-fixiert´. Es lässt sich auch so sagen: Wirkung wird gleichgesetzt mit Ursache. Da heißt es intern beispielsweise: Das ist der Crohn von Zimmer soundso. Die Ärzte meinen das überhaupt nicht respektlos. Dennoch lässt diese Aussage tief blicken. Es wird immer nur die `böse´ Krankheit beziehungsweise deren Wirkung gesehen, die es so schnell und vollständig wie möglich zu beseitigen gilt. Nur: Krankheit ist nicht der Feind eines Patienten, sondern sein Freund, der ihm helfen will.
Autor: Ich bin ja ein großer Fan verrückter Sichtweisen. Sie wissen aber schon, dass das heftig ist, was Sie da von sich geben? Und eins auch noch: Sie kritisieren die Schulmedizin und sind dennoch ein Teil davon. Wie passt das denn zusammen?

Dr. G.: Wenn Ihnen meine Meinung nicht gefällt, dürfen Sie mich nicht danach fragen.

Autor: Ich versichere Ihnen, dass mir Ihre Meinung wichtig ist, ob sie mir nun gefällt oder nicht. Aber ehrlich gesagt: Ich verstehe bisher größtenteils nur Bahnhof. Aber irgendwer oder irgendwas in mir drängt mich dazu, mehr darüber zu erfahren. Bitte fahren Sie fort.

Dr. G.: Ich weise Sie nachdrücklich darauf hin, dass Sie jetzt an einem kritischen Punkt angelangt sind.

Autor: Was soll das bedeuten?

Dr. G.: Es besteht die Möglichkeit, dass in Ihnen ein Denken heranreift, dass so ganz anders ist, als Sie es bislang gewohnt sind. Wenn Sie also das Gespräch beenden wollen – jederzeit, mir soll´s recht sein!

Autor: Danke, ich weiß Ihre Fürsorge zu schätzen, aber dieses Risiko gehe ich ein!

Dr. G.: Lassen Sie mich zunächst sagen: Ich kann sehr gut nachvollziehen, dass jemand lieber heute als morgen seine Erkrankung loshaben will. Wenn es dann auch noch eine schwere Erkrankung ist, die schlimme Schmerzen verursacht, ist dieser Wunsch noch verständlicher. Das ist bei mir nicht anders. Dazu ist es eben oftmals dringend erforderlich, dass wir Ärzte uns mit moderner Medizin in einem ersten Schritt vorrangig dem Symptom widmen und es behandeln, sei es konservativ oder auch mittels eines operativen Eingriffs. Das alles macht für mich Sinn und deshalb bin ich Teil des `Systems Schulmedizin´, wenn man es denn schon so bezeichnen möchte. Und ich bin es gern und gebe immer mein Bestes für die Patienten, wie auch alle meine Kollegen.

Autor: Danke, Ihr Standpunkt ist bei mir angekommen, auch wenn ich später noch ausführlich darüber nachdenken muss. Eine Zwischenfrage: Homöopathie, Naturheilkunde, Antibiotika, Kortison – wozu raten Sie

Dr. G.: Kommt drauf an. Ich halte nichts davon, das eine gegen das andere auszuspielen beziehungsweise das eine hoch zu loben und das andere zu verteufeln. Ich will aber noch hinzufügen: Ein Erwachsener, der Homöopathie einnimmt, sollte sich vorab schon tiefgründig mit dem Denkkonzept vertraut machen, welches ihr zugrunde liegt.

Autor: Sie sprechen von einem ersten Schritt. Dem muss logischerweise ein zweiter folgen.

Dr. G.: Dem ist auch so, und er beinhaltet das, was Sie vorhin als `heftig´ bezeichnet haben. Haben Sie eine Erklärung dafür, warum es das für Sie ist?

Autor: Zumindest keine rationale. Ich weiß nur, dass ich es im ersten Moment so empfunden habe.

Dr. G.: Nähern wir uns dem Thema einmal unüblich an: Was ist Krankheit – nicht? Krankheit ist keine Laune des Schicksals, das so mir nichts dir nichts über einen kommt. Das ist zwar eine gängige Erklärung von Patienten, trifft aber so nicht zu. Krankheit ist kein rein körperlicher und kein rein funktioneller Vorgang, das heißt: ein Organ, beispielsweise ein Darm, wird nicht aus sich heraus `einfach so´ krank. Auch das ist eine gängige Erklärung von Patienten, inklusive von Ärzten, die nicht zutrifft. In einem Satz: Krankheit ist kein sinnloses Geschehen. Richtig muss es heißen: Kranksein ist kein sinnloses Geschehen. Übrigens: Ihr Ohr ist noch dran. *(lacht)*

Autor: Dafür, dass ich darmkrank bin und Sie Narkosefacharzt sind, kommt mein Ohr heute oft zur Sprache. Aber ernsthaft: Ich habe in der kurzen Zeit schon etwas Bedeutsames gelernt: Ich will mit Ihnen nicht diskutieren, denn das bringt mich nicht näher an mein Ziel heran: zu verstehen. Ich will und werde

Ihnen stattdessen Fragen stellen, zuhören und erst anschließend in aller Ruhe meine Schlüsse ziehen.

Dr. G.: Das ist eine kluge Entscheidung! Erlauben Sie es sich selbst zunächst mal, das Gehörte vollständig aufzunehmen, ohne zu filtern, ohne zu kategorisieren, ohne zu beurteilen, ohne zu verurteilen.

Autor: Das ist leichter gesagt als getan. Aber ich werde mich gewissenhaft darum bemühen. Sie haben vorhin gesagt: „Krankheit ist nicht der Feind eines Patienten, sondern sein Freund, der ihm helfen will." Wobei hilft sie ihm, wie hilft sie ihm? Und: Freund?

Dr. G.: Ein Freund ist jemand, der viel von dir weiß und dich dennoch liebt. So oder ähnlich lautet ein Satz, den ich einmal gelesen habe. Bei Krankheit ist es nicht anders: Sie weiß auch viel über ihren `Besitzer´ und dennoch liebt sie ihn. Sie steht ihm treu zur Seite, unterstützt ihn unbeirrt dabei, sich weiterzuentwickeln, die Zusammenhänge von Ursache und Wirkung in sich selbst zu sehen und damit sich selbst in seiner Ganzheit kennenzulernen – und lieben zu lernen. Würde ein Kranker diese Sichtweise zulassen, hätte er bereits viel gewonnen.

Autor: Den Vergleich mit Freundschaft und Krankheit habe ich so noch nie gehört oder gelesen oder mir selbst gedacht. Ich finde ihn einigermaßen bizarr, gleichzeitig aber auch wunderschön. Aber so viel ist klar: Ein jeder hat eine dunkle Seite. Sie doch mit Sicherheit auch, oder etwa nicht?

Dr. G.: Klar, ein jeder von uns hat eine dunkle Seite. Und das ist auch gut so. Wie könnte hell ohne dunkel existieren, wie dunkel ohne hell? Seine helle Seite kennt ein jeder, findet sie üblicherweise gut, poliert sie jeden Tag auf Hochglanz. Im Leben eines Kranken geht es aber vor allem um seine dunkle Seite, die er ignoriert, verdrängt, relativiert. Krankheit zwingt

seinen ›Besitzer‹ dazu, sich seiner dunklen Seite zu stellen, seinem Unterbewussten, seinen Gedanken, seinen Empfindungen, dem, was noch unbearbeitet, noch unerledigt in ihm ist. Das ist in Wahrheit etwas Sinnvolles. Er muss diesen Dingen nur die Stirn bieten, er muss nur vollständig akzeptieren, dass es sie gibt und dass es gut ist, dass es sie gibt. Man kann es auch so formulieren: Glücklicherweise gehört Kranksein zum Menschsein essenziell dazu. Lassen Sie diese Überlegung in aller Ruhe in sich reifen.
Autor: Auch darum werde ich mich ernsthaft bemühen. Was kann oder muss ein Patient tun, um zu gesunden oder geheilt zu werden?
Dr. G.: Er muss für seine Erkrankung Verantwortung übernehmen. Genauso wie er sich bewusst machen muss, dass er nicht einfach so krank geworden ist. Wirklich, jede Krankheit macht Sinn. Sie weist ihn darauf hin, dass in ihm etwas nicht stimmig ist. Diese Tatsache zu erkennen und dafür Verantwortung zu übernehmen, ist jedoch erstmal schwierig und tut dem Betroffenen naturgemäß sehr weh, weil er es für denkunmöglich hält, dass die Ursache für seine Erkrankung in ihm selbst liegt. Bei dieser Vorgehensweise sollte man sich aber nicht kasteien. Jeden Tag einen kleinen Schritt vorwärts in die richtige Richtung zu machen, reicht völlig aus. Und noch ganz wichtig: Man sollte auch mit einer großen Portion Leichtigkeit und Fröhlichkeit den Weg der Gesundwerdung gehen. Diese helfen einem dabei, Krisen zu bewältigen. Das ist schon klar: Kein Mensch will gern Krisen erleben, oder besser gesagt: erleiden müssen, aber sie sind wichtig auf seinem Lebensweg. Auch wenn's der üblichen Sichtweise widerspricht: Jede Lebenskrise macht Sinn. Wer sie voll und ganz

akzeptiert, wird daraus auch lernen können. Wenn ich es recht bedenke, gäbe es dazu noch mehr zu sagen.

Autor: Lassen wir das mal so stehen. Ist Heilung ohne Religion überhaupt möglich? Wenn ich Ihnen so zuhöre, habe ich den Eindruck, dass das gar nicht möglich ist – warum auch immer.

Dr. G.: Ja, als Mensch und Arzt sehe ich es so, dass es ohne Religion keine Heilung des Menschen geben kann! Ich möchte jedoch in diesem Zusammenhang noch eine wesentliche Information hinzufügen: Wenn ich von Religion spreche, dann in der Einzahl und nicht vorrangig im konfessionellen Sinne!

Autor: Okay, auch das lasse ich vorerst einmal so stehen, obwohl mich Religion grundsätzlich sehr interessiert. Mir ist nur schleierhaft, was Religion mit Gesundwerdung zu tun hat. Können wir bitte für heute Schluss machen? Mir kommt vor, als hätte ich gerade eine Achterbahnfahrt hinter mir. Ich möchte jetzt gern aussteigen. Mir dreht sich alles. Ich glaub´, ich brauch´ jetzt mal einen großen Eimer.

Dr. G.: Machen Sie nur. Sie waren sehr mutig. Meine Gratulation und viel Erfolg – auch mit der Eimersache! *(lacht)*

Autor: Ich danke Ihnen für dieses Gespräch.

Noch einige Anmerkungen zum Zitat eingangs dieses Kapitels. Ich behaupte dreierlei, wenn dessen Aussage(kraft) jemand nicht erheitert: Erstens der Betreffende ist „humorbefreit". Humor ist zwar nicht die beste Medizin, aber ohne ihn – beinhaltet auch die Größe, über sich selbst lachen zu können und sich nicht immer und überall so wichtig zu nehmen – ist Gesundwerdung/Heilwerdung nicht möglich. Zweitens der Betreffende blendet die Realität aus, wenn er in seinem Leben nicht schon auf Zeitgenossen getroffen ist, bei denen er den Gedanken an die Tierwelt nicht hatte. Wer sich der Realität verweigert, wird nicht gesunden beziehungsweise geheilt werden können. Drittens der Betreffende ist jemand, auf den besagtes Zitat gemünzt ist. Oje.

Gott und Glaube

Zu diesem Thema erreichten mich viele Zusendungen. Offenkundig wühlt es Emotionen auf, auch und besonders, wenn es unversehens in einem „Gesundheitsratgeber" zur Sprache kommt: „Was soll das da? Wie soll es einem dabei helfen können, wieder gesund zu werden? Medizin und Religion gehören nicht zusammen! Das ist doch Quatsch! Was für ein Kinderkram! Danke, dass Sie es ansprechen, es tut gut! Von nun an werde ich mich damit beschäftigen!"

So gegensätzlich diese Sichtweisen auch sind, hier Unverständnis und Empörung, dort Aufgeschlossenheit und Hinwendung, weisen sie dennoch allesamt in eine Richtung: nach innen. Ebendort ist der Glaubensschatz tief vergraben. Wer ihn heben will, muss selbst danach schürfen. Die richtigen Bücher sind ihm hierbei zweckdienliche Werkzeuge.

Dem Thema zugeneigte Leserinnen und Leser, krank wie gesund, und was mich besonders freut, viele jüngere darunter, baten mich in ihren Zusendungen um konkrete diesbezügliche Literaturhinweise. Ich entspreche diesen Ansuchen wie folgt: Es gibt zu dieser wundervollen Materie leicht und schwer zu lesende Bücher. Die leicht[31] zu lesenden Bücher zielen ab auf die Verstandesebene. Diese Aussage ist nur in einer ersten Momentaufnahme ein Paradoxon.

---

[31] Wünschenswert beflügeln sie den Geist des Lesers, weil sie ihm den erforderlichen Freiraum geben, sich selbst ein Bild machen zu können; nicht erwünscht stiften sie Unheil in seinem Kopf, weil sie, um ein Beispiel zu nennen, eine buchstabengetreue Wahrheit für sich in Anspruch nehmen und in weiterer Folge „hirnlose" Akzeptanz einfordern.

Ich erläutere: Jeder, der einen Brockhaus im Regal stehen hat oder alternativ eine Suchmaschine im Internet bemüht, vermag jedes ihm unbekannte Fremdwort nachschlagen zu können, um zu verstehen, wovon in einem wissenschaftlich verfassten Text zum Thema die Rede ist. Die Erkenntnisgewinne fürs Herz und die Seele halten sich bei dieser Herangehensweise mutmaßlich in engen Grenzen, ebenso wie wissenschaftlich verfasste Bücher zu den Themen „Verliebtheit/Liebe" dem Lesenden das Geheimnis mutmaßlich nicht offenbaren können.

Die schwer zu lesenden Bücher kommen ohne komplizierte Textpassagen und Fremdwörter aus, weil sie aufs Herz und die Seele eines erwachsenen Menschen abzielen. Eben deshalb stellen diese eine ungleich größere Herausforderung an den klugen, „aufgeklärten" Leser dar (größere Herausforderung=höherer Gewinn). Was sich wiederum als ein offensichtlicher Widerspruch zeigt, ist bei zweiter Betrachtung ebenso keiner. Ich erläutere unter Zuhilfenahme auf einen Verweis auf eine bestimmte Bevölkerungsgruppe: Für ein x-beliebiges Kleinkind ist glauben zu wollen und glauben zu können ein und dasselbe. Zu jeder Stunde, an jedem Ort. Und es meistert diese Aufgabe mit spielerischer Bravour.

Glaube und glauben sind ja auch die natürlichsten Dinge beziehungsweise Fähigkeiten in dieser irdischen Welt. Nur für einen x-beliebigen Erwachsenen ist die „Glaubenssache" kompliziert. Korrektur: er macht es kompliziert und sich damit sein Leben unnötig schwer. Dabei wäre es „kinderleicht". Schlussfolgerung: Kind (zu) sein, ist Ausdruck einer inneren, großen Haltung. Und was noch phantastisch ist: Kinder sind – noch – in der privilegierten Lage, Wunder zu sehen sowie diese tagtäglich erleben zu können.

Wenn ich schon dabei bin, ein Hohelied auf Kinder[32] zu singen, will ich noch einen Gedanken nachschieben: Ein x-beliebiges Kind zieht jeden Tag, ja, zu jeder Stunde und an jedem Ort auf eigene Faust oder mit Gleichgesinnten, jedenfalls schneidig und freudig in ein Abenteuer, sprich: es nimmt staunenswert eine rasante geistige wie seelische Entwicklung. Bis es „endlich" zu einem x-beliebigen Erwachsenen geworden ist, versiegt üblicherweise der Quell des kindlichen Heldenmutes, weil sodann ist der x-beliebige Erwachsene „vernünftig" geworden und findet handfeste Gründe dafür, nicht mehr in ein Abenteuer ziehen zu „müssen". Dieser wiegt jede Entscheidung über ein Pro und Contra „tausendmal" ab, unterdrückt rigoros wie konsequent Impulse aus seinem Inneren kommend und baut sich zudem sorgenvoll wie akribisch Sicherheitsnetze, damit er abgesichert ist, so ihm etwas Schlimmes widerfährt. Und dieses Schlimme (=Schicksalhafte), davon geht er aus, kann ihm jederzeit und überall widerfahren – einfach so, ohne sein Zutun, ohne es zu wollen. Und er hat recht:

---

[32] "Wahrlich, ich sage euch: Wenn ihr nicht umkehret und werdet wie die Kinder, so werdet ihr nicht ins Himmelreich kommen." Matthäus 18,3

Es kommt oftmals knüppeldick für ihn in seinem Erwachsenenleben. Das für sich genommen wäre noch keine Tragödie, für ihn tragisch[33] sind die Schlüsse, die er nicht daraus zieht.

Zurück zu meinen speziellen Literaturempfehlungen: Ich profitierte von den schwierig zu lesenden Büchern am meisten, nach dem ich mich in vollem Bewusstsein auf eine riesengroße Torheit einließ: sie mit meinem Herzen[34] zu lesen (und sie können nur mit dem Herzen gelesen werden!). Erst folgend gaben sie „auf einmal" und „einfach so" meiner Seele Heimat sowie meinem Verstand Orientierung und Weite.

Es liegt an Ihnen selbst, ob Sie in vollem Bewusstsein auch so eine törichte Handlung setzen wollen mit den daraus resultierenden allfälligen (Aus-)Wirkungen.

---

[33] „Doch wüßt´ ich Besseres nicht zu unserm Heil, Als: jeder möge durch die Feuer Versuchen sich sein eigen Abenteuer." (Goethe in *Faust*, Der Tragödie zweiter Teil) Um es in meinen Worten zu sagen: Ziehen Sie in ein Abenteuer, das sich ihr Leben nennt! Und machen Sie sich in jedem Moment bewusst: Es ist nie zu spät, sein Leben wagemutig im Sturm (zurück) zu erobern und es glückend in Besitz zu nehmen.

[34] siehe hierzu: „Man sieht nur mit dem Herzen gut. Das Wesentliche ist für die Augen unsichtbar." Aus „Der kleine Prinz" von Antoine de Saint-Exupéry (1900-1944), frz. Schriftsteller und Pilot

Sterben und Tod

In Band Eins schreibe ich, dass der allgemein als unangenehm bis belastend angesehene Lebensbereich „irdische Vergänglichkeit[35]" tatsächlich wundervoll ist und es vernunftgemäße Überlegungen sind, warum sich dieses Kapitel sogleich zu Beginn eines jeden „Gesundheitsratgebers" wiederfinden sollte. Beide ver-rückte Sichtweisen will ich Ihnen zu dieser Stunde inspirierend in Erinnerung rufen.

Aus gegebenem Anlass will ich Sie fragen, ob Sie Ihrem persönlichen Tod zwischenzeitlich schon die Hand zur Begrüßung gereicht haben und sie willens sind, mit ihm in einem nächsten Schritt Freundschaft zu schließen. Wenn Sie noch in vollem Saft und Kraft stehen und Ihr Leben noch leicht und bunt ist, wäre hierfür jedenfalls – jetzt – der rechte Zeitpunkt. Wenn Ihre Kräfte schon im Schwinden begriffen sind und Ihr Leben ermüdend und düster geworden ist, wäre hierfür ebenfalls – jetzt – der rechte Zeitpunkt.

---

[35] Auch hierzu gibt es leicht und schwer zu lesende Bücher...

Nachwort

„Von einem gewissen Punkt an gibt es keine Rückkehr mehr. Dieser Punkt ist zu erreichen.[36]"

In Band Eins schildere ich offenherzig die magische Begegnung mit meinem Arzt, im vorliegenden Band jene mit Herrn Dethlefsen. Beide Personen sind mir im besten Wortsinn Autoritäten, auch über deren Tod hinaus. Im Vordergrund stand für mich jedoch stets der von ihnen zu mir transportierte Inhalt, der in seinen Kernaussagen beeindruckende Übereinstimmungen aufweist, was nicht verwundert, handelt es sich hierbei doch um das „Ur-Wissen" der Menschheit. Ich fasste jedenfalls seinerzeit, zunächst aus dem Bauch heraus, den Entschluss, besagten Inhalt anzunehmen, weil ich diesen als für mich wegweisend gesehen habe (und auch heute noch so sehe). Es geht (mir) also zuerst um das Transportgut, erst folgend um den Transporteur.

Ihre (fordernde) Frage ist berechtigt, warum ich auf meinem Weg noch nicht so viel weiter vorangekommen bin. Ich gebe Ihnen heiter zur Antwort: Es liegt nicht am Weg, es liegt am Gehenden. Es lässt sich auch so sagen: Beide Bände von *Es liegt immer an einem selbst!* sind, auf der Basis eigener Erfahrungen, ein leidenschaftlich geführtes Plädoyer fürs Innehalten, Erkennen, Staunen, Gehen, Scheitern, Hinfallen, Aufstehen, Weitergehen, Gelingen, Ankommen.

---

[36] Franz Kafka (1883-1924), öst.-tsch. Schriftsteller

Epilog[37]

Er lag auf dem Acker, ermattet, dreckig, seine Kleidung ward zerschlissen. Die aufgeworfene dunkle Erde roch nach Leben. Zu eben jener Zeit sah er die Keimlinge nur vor seinem geistigen Auge wachsen. Er sprach zu ihnen in Gedanken, sprach zu ihnen in lauten Worten, ermunterte sie, sich aufzurichten, um ihrer Bestimmung zu folgen. Und sie taten es. Jeden einzelnen Tag reckten sie sich mehr und mehr dem segenspendenden Licht der Sonne entgegen, die hoch am Himmelszelt ihre Bahn zieht, immer auf die gleiche Weise, tagein, tagaus.

Nun geht er zwischen den Feldern auf und ab, lächelnd, erquickt an Speis und Trank, gereinigt, trägt festliche Kleidung. „Was machst Du da?", fragen ihn alle Herumstehenden verwundert. „Könnt´ Ihr denn nicht mit Euren eigenen Augen sehen? Ich treffe Vorbereitungen für die Ernte, die ich in den nächsten Jahren einfahren werde!", entgegnet er ihnen, während er zärtlich über die Ähren streicht, die hüfthoch stehen und goldgelbfarben sind.

---

[37] *Epilog* oder Nachwort (griech. epi ‚danach, nachgestellt' und logos ‚das Wort') bezeichnet Schlussbemerkungen am Ende eines literarischen Werkes. **Wie das Vorwort *(Prolog)* dient das Nachwort im Sinne des Geleitwortes bei einem Buch (ua) als Verständnishilfe.** Die Schlussworte sind besonders bei dramatischen Werken gebräuchlich und geben „die Moral von der Geschichte" wieder. Quelle: Internet/wikipedia